JN318154

八坂神社文書
編纂委員会編

新修 八坂神社文書 中世篇

臨川書店刊

序

八坂神社では、既に社蔵の文書二千二百余点を収めた『八坂神社文書』（上・下二冊および増補篇）、又、社家記録・社家條々記録等を収めた『八坂神社記録』（上・下二冊）を刊行しているが、先年、蔵を精査したところ、未公刊の中世文書約二百六十点を含む二千六百点余の文書を発見した。

たまたま平成の大修造営のため八坂神社奉賛会を結成したので、その事業の中に文書出版のことを加え、林屋辰三郎博士に編纂委員長を委嘱して、京都市歴史資料館にて写真撮影と読解の作業を進めていただいたが、林屋先生の急逝により、頓挫していたところ、いよいよ八坂神社では本殿遷座祭斎行の運びとなり、その記念として出版するべく、京都国立博物館学芸課長下坂守先生に引継いでいただき、二千六百点余にのぼる新出文書中、とくに貴重な中世文書二百六十五点を選んで収載し、ここに刊行の運びとなった。

内容は、中世における祇園社を中心とする京中の動向を知る上で不可欠のもので、前回発行の文書にて判明しなかった当時の事情が、今回のものと照合することによって判明するもの等、貴重な史料を含み、中世史研究者にとっては待望の書である。

八坂神社（祇園社）は、平安王朝時代より京中の崇敬を蒐めてきた古社であるだけに、祇園祭の伝統にもみられるごとく、中世戦乱の世にも常に歴史の進展と表裏し、京洛の中心的存在であった。そこに遺る文書が如何に貴重なものであるかは察するに余りあるというものである。

八坂神社ではこのたび、平成の大修造営を完遂、四月十五日には本殿遷座祭を斎行した。その記念として本書の刊行をみることは大いなる喜びである。そのためにご多忙の中を編纂に携っていただいた下坂守先生には衷心感謝のほかなく、唯々厚く御礼を申し上げる次第である。

平成十四年六月吉日

八坂神社　宮司　真　弓　常　忠

凡例

一、本書は、既刊の『八坂神社文書』（上・下二冊、昭和十四・十五年刊）、『増補八坂神社文書』（上巻一冊・下巻二冊、平成六年刊）に未収録の八坂神社伝来の中世（文禄年間以前）の文書を翻刻したものである。

一、史料は原則として編年順で収録した。

一、字体ならびに文書名、読点、注記などの翻刻に関わる表記は、原則として既刊の二部の史料に準拠した。

一、『八坂神社記録』（上・下二冊、昭和十七・三十六年刊）収録の「祇園社記」等に本文が収録されている文書については、文書名の下部にその巻数を明示した。

一、巻末に人名索引を付した。

一、史料の翻刻は、川嶋将生・源城政好・下坂守・河内将芳・羽田聡がこれにあたった。

平成十四年八月

八坂神社文書編纂委員会

目次

序
凡例

文書（中世）

一 承暦四年九月三日 検非違使庁下文写……三
二 保元三年四月五日 感神院所司解写……四
三 保元三年五月十八日 感神院所司解写……八
四 (建仁二年)十一月十八日 後鳥羽上皇院宣写……一一
五 弘安七年四月廿八日 名越時基施行状写……一一
六 正安四年五月五日 感晴庵室等譲状……一二
七 元亨二年(月日未詳) 神輿造替手記断簡……一二
八 暦応二年十二月十七日 足利直義下知状写……一三
九 貞和二年八月廿九日 氏名未詳紛失状……一六

一〇　貞和三年三月九日　氏名未詳請文……一九
一一　貞和三年八月廿九日　静晴別当得分注進案……一九
一二　正平六年十二月廿七日　感神院政所返抄……二四
一三　正平七年十一月九日　別当吉書記……二五
一四　文和四年七月十八日　俊聖敷地寄進状……二六
一五　康安元年六月廿九日　感神院政所返抄……二九
一六　貞治六年六月一日　永舜御燈油下地寄進状……三〇
一七　永和元年十二月十五日　祇園百度大路石塔西頬地文書目録……三〇
一八　永和三年七月　日　感神院政所崛請……三二
一九　(年未詳)正月　日　氏名未詳書状案……三三
二〇　(永和三年)四月廿四日　氏名未詳書状案……三三
二一　(永徳元年)七月十九日　威徳院書状……三四
二二　永徳二年七月一日　性修田畠譲与状……三五
二三　至徳二年十二月廿六日　室町幕府御教書写……三六
二四　至徳三年十一月十日　智円請文……三六
二五　明徳元年十二月十二日　赤松義則奉行人連署奉書案……三九

二六　明徳二年八月　日　宝寿院法印代実晴申状案……四〇
二七　明徳三年四月廿五日　左近将監署判奉書写……四一
二八　応永元年十二月五日　結城満藤奉行人連署奉書……四一
二九　応永三年十月廿八日　室町幕府奉行人等連署奉書……四二
三〇　応永四年十一月十九日　室町幕府御教書案……四二
三一　応永十年十月廿日　顕深供米等重譲与状……四五
三二　応永十一年五月晦日　兼恵請文……四六
三三　応永十一年六月六日　顕深書状案……四六
三四　応永十二年十二月廿九日　祇園社執行敷地売券案……四七
三五　応永十三年閏六月十七日　室町幕府御教書案……四八
三六　応永十四年十月　日　祇園社所司等申状案……四八
三七　(応永十八年)三月廿九日　顕縁書状……四九
三八　応永十八年十二月　日　祇園社御師執行顕縁支状案……四九
三九　(応永十九年)十二月十五日　松田秀経書状……五〇
四〇　(応永廿一年)七月十日　中澤氏綱書状……五一
四一　応永廿二年五月十九日　感神院下文……五一

四二 応永廿四年（七月廿三日） 檀那院相厳御教書……五二
四三 応永廿七年六月二日 王大鼓昇分馬上料足請取状……五五
四四 応永廿七年六月二日 片羽屋神子分馬上料足請取状……五五
四五 応永廿七年（月日未詳） 感神院政所下文……五六
四六 応永廿八年四月十六日 詮増阿闍梨成一献分進上折紙……五六
四七 応永廿八年七月二日 元承請文……五七
四八 応永卅二年六月二日 右方鉾懸用途請取状……五八
四九 応永卅二年十二月十四日 足利義持御判祇園社領洛中在所目録……五八
五〇 （応永卅三年五月十六日） 祇園社領洛中在所目録……五九
五一 応永卅四年六月六日 八大王子駕輿丁請文案……六一
五二 永享二年十二月廿日 祇園社納所用途請取状案……六一
五三 永享四年五月　日 祇園社執行顕縁支状……六二
五四 永享五年六月二日 下居神供分馬上料足請取状……六三
五五 永享七年六月二日 馬上一衆年行事祇園馬上功程送文……六三
五六 永享十年十月十三日 禅住坊承操北野御経要脚納状……六四
五七 永享十二年六月二日 別当分馬上料足請取状……六四

五八　永享十二年六月二日　目代分馬上料足請取状……六五
五九　永享十二年六月二日　長吏分馬上料足請取状……六五
六〇　永享十二年六月二日　寮公人分馬上料足請取状……六六
六一　永享十二年六月二日　注連上分馬上料足請取状……六七
六二　（永享十二年　月　日）　屋地子等算用状断簡……六七
六三　（嘉吉元年　月　日）　屋地子等算用状断簡……七一
六四　嘉吉元年六月二日　宮仕方分馬上料足請取状……七二
六五　嘉吉元年六月二日　承仕分馬上料足請取状……七二
六六　嘉吉二年六月二日　乗尻分馬上料足請取状……七三
六七　嘉吉二年六月二日　御正躰分馬上料足請取状……七四
六八　嘉吉二年六月二日　寮公人分馬上料足請取状……七四
六九　嘉吉二年六月二日　御立神楽分馬上料足請取状……七五
七〇　嘉吉二年六月二日　獅子舞分馬上料足請取状……七五
七一　嘉吉二年六月二日　乳人分馬上料足請取状……七六
七二　嘉吉二年六月二日　寮櫃分馬上料足請取状……七六
七三　嘉吉二年六月二日　御注連上分馬上料足請取状……七七

七四　嘉吉二年六月六日　別当分馬上料足請取状……七八
七五　嘉吉二年六月六日　目代分馬上料足請取状……七八
七六　嘉吉二年十月　日　祇園社務執行顕宥申状……七九
七七　嘉吉三年六月二日　片羽屋男神子分馬上料足請取状……七九
七八　嘉吉三年六月二日　乗尻分馬上料足請取状……八〇
七九　嘉吉三年六月二日　乳人分馬上料足請取状……八〇
八〇　嘉吉三年六月二日　総分馬上料足請取状……八一
八一　（嘉吉三年）六月六日　少将井宮仕浄徳申状……八二
八二　（嘉吉三年六月　日）　祇園社大政所納帳……八二
八三　嘉吉三年六月　日　祇園社執行顕宥支状案……八五
八四　文安二年五月　日　祇園社執行顕宥申状案……八六
八五　文安四年七月四日　室町幕府奉行人連署奉書……八九
八六　文安四年（月日未詳）　神輿造替料足算用状断簡……九〇
八七　宝徳三年五月十九日　幸千代丸請文案……九一
八八　宝徳三年五月廿五日　縫物屋与三神輿御幕請取状……九一
八九　宝徳四年四月八日　室町幕府奉行人連署奉書案……九二

九〇 享徳三年十月　日 大黒坊秀慶申文案……九二
九一 康正二年十月十一日 室町幕府奉行人連署奉書……九五
九二 康正三年六月六日 室町幕府奉行人連署奉書……九六
九三 長禄四年六月二日 馬上料足算用状……九六
九四 寛正二年十月十四日 辻坊縁賀書状……九八
九五 寛正三年十二月二日 別当分馬上料足請取状……九九
九六 寛正三年十二月二日 目代分馬上料足請取状……一〇〇
九七 寛正三年十二月二日 宝蔵預分馬上料足請取状……一〇〇
九八 寛正三年十二月二日 一公文鉾分馬上料足請取状……一〇一
九九 寛正三年十二月二日 二公文鉾分馬上料足請取状……一〇一
一〇〇 寛正三年十二月二日 三公文鉾分馬上料足請取状……一〇二
一〇一 寛正三年十二月二日 十三本鉾懸物分馬上料足請取状……一〇二
一〇二 寛正三年十二月二日 下居神供分馬上料足請取状……一〇三
一〇三 寛正三年十二月二日 乗尻分馬上料足請取状……一〇三
一〇四 寛正三年十二月二日 専当分馬上料足請取状……一〇四
一〇五 寛正三年十二月二日 注連上分馬上料足請取状……一〇五

一〇六　寛正三年十二月二日　獅子舞分馬上料足請取状……一〇五
一〇七　寛正三年十二月二日　所司役分馬上料足請取状……一〇六
一〇八　寛正三年十二月二日　御立神楽分馬上料足請取状……一〇六
一〇九　寛正三年十二月二日　本座田楽分馬上料足請取状……一〇七
一一〇　寛正三年十二月二日　新座田楽分馬上料足請取状……一〇七
一一一　寛正三年十二月二日　寮公人分馬上料足請取状……一〇八
一一二　寛正三年十二月二日　寮櫃分馬上料足請取状……一〇八
一一三　寛正三年十二月二日　大宮駕輿丁分馬上料足請取状……一〇九
一一四　寛正三年十二月二日　王舞分馬上料足請取状……一一〇
一一五　寛正三年十二月二日　長講分馬上料足請取状……一一〇
一一六　寛正三年十二月二日　御正躰分馬上料足請取状……一一一
一一七　寛正三年十二月二日　乳人分馬上料足請取状……一一一
一一八　寛正三年十二月二日　上使分馬上料足請取状……一一二
一一九　寛正三年十二月二日　片羽屋男神子分馬上料足請取状……一一二
一二〇　寛正三年十二月三日　神輿飾注文……一一三
一二一　寛正四年閏六月廿五日　顕宥料足借状……一一四

一二二　寛正四年十二月卅日　室町幕府政所執事署判奉書……一一四
一二三　寛正六年六月二日　獅子舞分馬上料足請取状……一一七
一二四　文正元年五月　日　五條町前後八町地検帳……一一七
一二五　文正元年（月日未詳）　顕宥祇園社執行職譲状……一三二
一二六　応仁二年四月七日　室町幕府奉行人連署奉書案……一三三
一二七　文明四年九月廿四日　室町幕府奉行人連署奉書……一三五
一二八　文明五年三月　日　氏名未詳大野郷寄進状案……一三六
一二九　文明九年十二月十六日　五條町前後八町地検新帳……一三七
一三〇　文明十六年十一月十八日　波々伯部保年貢米請取状……一四七
一三一　長享三年二月七日　顕重補任状……一四七
一三二　延徳三年九月廿二日　室町幕府奉行人連署奉書案……一四八
一三三　明応二年八月三日　室町幕府奉行人連署奉書案……一四八
一三四　明応四年十月廿一日　室町幕府奉行人連署奉書……一四九
一三五　明応四年（月日未詳）　夏地子算用状断簡……一五〇
一三六　明応五年四月吉日　源某社領人数注進状……一五〇
一三七　明応六年九月廿六日　細川家奉行人署判奉書案……一五五

一三八　明応七年二月七日　細川家奉行人署判奉書案……一五五
一三九　明応七年八月　日　氏名未詳請文写……一五六
一四〇　文亀二年六月七日　室町幕府奉行人連署奉書案……一五七
一四一　文亀二年六月　日　馬上料足下行銭日記……一五七
一四二　文亀二年九月九日　室町幕府奉行人連署奉書案……一六〇
一四三　文亀二年九月九日　室町幕府奉行人連署奉書案……一六〇
一四四　文亀三年六月五日　室町幕府奉行人連署奉書案……一六一
一四五　文亀三年六月五日　室町幕府奉行人連署奉書案……一六二
一四六　文亀三年六月十五日　室町幕府奉行人署判奉書……一六二
一四七　永正元年六月五日　室町幕府奉行人連署奉書……一六三
一四八　永正二年六月十二日　御駒頭座中申状……一六四
一四九　永正二年六月十四日　室町幕府奉行人連署奉書……一六六
一五〇　永正二年六月十五日　氏名未詳書状案……一六六
一五一　永正二年六月十八日　室町幕府奉行人連署奉書案……一六七
一五二　永正二年（月日未詳）　秋地子納下帳断簡……一六八
一五三　永正三年六月二日　室町幕府奉行人署判奉書……一六九

一五四 永正五年十月廿六日 丹波国波々伯部年貢米納状……一六九
一五五 永正五年十月廿七日 丹波国波々伯部年貢米納状……一七〇
一五六 永正五年十一月十五日 丹波国波々伯部年貢米納状……一七〇
一五七 永正五年十一月廿五日 丹波国波々伯部年貢米納状……一七一
一五八 永正八年十二月廿四日 室町幕府奉行人連署奉書……一七一
一五九 永正十五年五月三日 魚住能安書状写……一七二
一六〇 永正十五年五月十三日 魚住能安申状案……一七二
一六一 永正十五年九月十六日 室町幕府奉行人連署奉書……一七四
一六二 天文二年六月八日 室町幕府奉行人連署奉書……一七四
一六三 天文九年二月三日 立原幸綱書状……一七五
一六四 天文九年二月六日 尼子経久書状……一七六
一六五 (天文廿三年)十二月十五日 大須賀藤政書状……一七六
一六六 弘治二年十二月　日 大蔵卿地子銭納状……一七九
一六七 弘治二年十二月廿日 願玄請文等写……一八〇
一六八 永禄元年九月廿二日 宝寿院常泉書状案……一八一
一六九 永禄元年十二月廿八日 氏名未詳書状案……一八一

一七〇 （永禄六年）十二月廿三日 宝寿院常円書状案……一八二
一七一 （永禄九年二月七日） 宝寿院常泉書状案……一八二
一七二 （年未詳）九月十二日 治宣書状……一八三
一七三 永禄九年二月廿九日 米算用状……一八四
一七四 天正十年十月一日 文書目録……一八七
一七五 天正十四年正月廿一日 祇園社替地請状案……一八八
一七六 （天正十六年二月　日） 後陽成天皇俸物折紙……一九〇
一七七 天正十六年十二月八日 祇園社法度……一九一
一七八 天正十七年十一月廿四日 山城国愛宕郡祇園御検地帳……一九四
一七九 天正十七年十二月　日 山城国愛宕郡祇園社領御検地帳……二一一
一八〇 （天正十九年六月廿日） 後陽成天皇俸物折紙……二一七
一八一 天正十九年九月十三日 豊臣秀吉朱印状……二一七
一八二 （天正廿年正月廿五日） 境内指出案……二一八
一八三 （天正廿年七月十一日） 後陽成天皇俸物折紙……二二〇
一八四 文禄三年十一月十六日 米算用状断簡……二二〇
一八五 （文禄四年四月　日） 神楽座中掟……二二二

一八六　（文禄四年十一月十一日）後陽成天皇俸物折紙……二二八
一八七　（年未詳）正月四日　山科七郷書状……二二八
一八八　（年未詳）正月十二日　藤田重遠書状……二二九
一八九　（年未詳）正月十三日　松田長秀書状……二二九
一九〇　（年未詳）正月十七日　鴨井景有書状……二三〇
一九一　（年未詳）正月十九日　氏名未詳書状……二三〇
一九二　（年未詳）正月廿日　忠種書状……二三一
一九三　（年未詳）正月廿三日　細川澄元書状……二三二
一九四　（年未詳）閏正月十一日　宗徹書状……二三二
一九五　（年未詳）二月三日　細川氏綱書状……二三三
一九六　（年未詳）二月十日　任芸書状……二三四
一九七　（年未詳）二月十四日　波々伯部調瑣書状……二三四
一九八　（年未詳）二月廿四日　伊勢貞仍書状……二三五
一九九　（年未詳）二月廿四日　飯尾貞運書状……二三五
二〇〇　（年未詳）後二月廿四日　谷地蔵院寿宝書状……二三六
二〇一　（年未詳）三月六日　馬来信綱書状……二三七

二〇二 (年未詳)閏三月十七日 飯尾清房書状……二三八
二〇三 (年未詳)四月廿三日 細川氏綱書状……二三八
二〇四 (年未詳)四月卅日 基国書状写……二三九
二〇五 (年未詳)五月二日 細川氏綱書状……二三九
二〇六 (年未詳)五月二日 飯尾之清書状……二四〇
二〇七 (年未詳)五月十一日 任芸書状……二四〇
二〇八 (年未詳)五月十二日 延暦寺根本中堂閉籠衆折紙案……二四一
二〇九 (年未詳)五月廿日 大館晴光書状……二四一
二一〇 (年未詳)五月廿一日 三好義継書状……二四二
二一一 (年未詳)五月晦日 宝寿院玉寿書状写……二四二
二一二 (年未詳)六月四日 順栄下知状……二四三
二一三 (年未詳)六月六日 延暦寺閉籠衆衆議下知状案……二四四
二一四 (年未詳)六月六日 飯尾清房書状……二四四
二一五 (年未詳)六月七日 飯尾清房書状……二四五
二一六 (年未詳)六月七日 宝寿院玉寿書状案……二四五
二一七 (年未詳)六月九日 宝寿院玉寿書状……二四六

二一八　（年未詳）六月十二日　延暦寺根本中堂閉籠衆衆議下知状案……二四七
二一九　（年未詳）六月十四日　宝寿院玉寿書状案……二四七
二二〇　（年未詳）六月十五日　氏名未詳書状……二四八
二二一　（年未詳）六月十七日　細川氏綱書状……二五一
二二二　（年未詳）六月廿日　横川宗興書状……二五一
二二三　（年未詳）七月三日　大館晴光書状……二五二
二二四　（年未詳）七月八日　秀清書状……二五二
二二五　（年未詳）七月廿一日　氏名未詳書状案……二五三
二二六　（年未詳）七月廿八日　永舜書状……二五四
二二七　（年未詳）八月五日　飯尾堯連書状……二五五
二二八　（年未詳）八月廿三日　上林坊亮覚書状……二五五
二二九　（年未詳）八月廿五日　祇園社領洛中在所目録……二五六
二三〇　（年未詳）九月十三日　吉田定雄書状……二五七
二三一　（年未詳）九月十六日　福岡某書状……二五八
二三二　（年未詳）十月五日　緑親書状案……二五八
二三三　（年未詳）十月七日　祇園社領洛中在所目録……二五九

二三四（年未詳）十月九日　飯尾之種書状……二六〇
二三五（年未詳）十月十七日　仏乗坊書状……二六一
二三六（年未詳）十月廿二日　誠重書状……二六一
二三七（年未詳）十月廿五日　延暦寺閉籠衆折紙……二六二
二三八（年未詳）十一月一日　山中政重書状……二六二
二三九（年未詳）十一月一日　重定書状……二六三
二四〇（年未詳）十一月六日　延暦寺閉籠衆衆議下知状案……二六四
二四一（年未詳）十一月十一日　横川宗興書状……二六四
二四二（年未詳）十一月廿四日　近藤長良・今村秀次連署状……二六五
二四三（年未詳）十一月廿八日　常住院書状案……二六六
二四四（年未詳）十一月廿九日　氏名未詳書状……二六六
二四五（年未詳）十二月四日　細川氏綱書状……二六七
二四六（年未詳）十二月十二日　中澤光俊書状……二六七
二四七（年月日未詳）　祇園社神輿損色注文目録……二六八
二四八（年月日未詳）　氏名未詳申状案……二七〇
二四九（年月日未詳）　氏名未詳書状断簡……二七一

二五〇（年月日未詳）文書目録包紙ウハ書……二七二
二五一（年月日未詳）文書目録断簡……二七二
二五二（年月日未詳）浦上則宗書状包紙ウハ書……二七三
二五三（年月日未詳）伊勢貞陸書状包紙ウハ書……二七四
二五四（年月日未詳）氏名未詳書状案……二七四
二五五（年月日未詳）八大王子神輿組注文断簡……二七四
二五六（年月日未詳）祇園社神輿御雨皮料足請取状案断簡……二七五
二五七（年月日未詳）祇園社神輿装束注文断簡……二七五
二五八（年月日未詳）年貢算用状断簡……二七六
二五九（年月日未詳）氏名未詳書状案……二八二
二六〇（年月日未詳）氏名未詳仮名消息……二八三
二六一（年月日未詳）感神院番仕次第……二八四
二六二（年月日未詳）氏名未詳書状案……二八六
二六三（年月日未詳）氏名未詳仮名消息……二八六
二六四（年月日未詳）感神院紛失状断簡……二八七
二六五（年月日未詳）氏名未詳屋地新立券文……二八七

挿入図版目次

九 氏名未詳紛失状……一七

一一 静晴別当得分注進案……一七

一四 俊聖敷地寄進状……二七

一六 永舜御燈油下地寄進状……二七

二二 性修田畠譲与状……三七

二四 智円請文……三七

二八 結城満藤奉行人連署奉書……四三

二九 室町幕府奉行人等連署奉書……四三

三一 顕深供米等重譲与状……五三

四九 足利義持御判祇園社領洛中在所目録……五三

五六 禅住坊承操北野御経要脚納状……六九

七六 祇園社務執行顕宥申状……六九

八二 祇園社大政所納帳……八七

八四 祇園社執行顕宥申状案……八七

八五　室町幕府奉行人連署奉書……九三
九三　馬上料足算用状……九三
一二二　室町幕府政所執事署判奉書……一一五
一二四　五條町前後八町地検帳……一一五
一二五　顕宥祇園社執行職譲状……一三三
一二六　室町幕府奉行人連署奉書案……一三三
一二九　五條町前後八町地検新帳……一四五
一三四　室町幕府奉行人連署奉書……一五三
一四八　御駒頭座中申状……一五三
一六一　室町幕府奉行人連署奉書……一七七
一七二　治宣書状……一七七
一七八　山城国愛宕郡祇園御検地帳……二一五
一八五　神楽座中掟……二一五
二〇八　延暦寺根本中堂閉籠衆折紙案……二四九
二三七　延暦寺閉籠衆折紙……二四九

文書（中世）

付 花押・印章一覧

一　検非違使庁下文写　（祇園社記二五）

「女子石王可領掌之（花押影）
藤原（花押影）
藤原（花押影）」

検非違役〔使〕下　左京四條三坊刀禰等
応早停止六人部小犬女非道妨令僧頼命領掌地壱処事
在左京四条三坊二町西四行北二門内
右件地、元者故宗岡武蔵女之私領也、武蔵女在生之時、作券契充給外孫頼命法師了、而武蔵女死去之間、夫僧良算偸取本券横欲押領、爰頼命適訴権門所返取件券文也、令良算後妻小犬女無指所拠相妨之旨、尤無其謂、仍停止件小犬女之妨、可頼命領知之状、依　別当宣所仰如件、刀禰等承知不可違失、故下、
承暦四年九月三日
左衛門少尉紀（花押影）
紀（花押影）

左京四條三坊刀禰ヲシテ六人部小犬女ノ非道ノ妨ヲ停止セシム
宗岡武蔵女頼命ヲシテ領知セシム

源
藤原（花押影）
平（花押影）
少志笠
坂上（花押影）
府生多（花押影）
右衛門少尉宮道朝臣（花押影）
少志宗岡
中原（花押影）
府生安倍

（祇園社記　御神領部二）

二　感神院所司解写

「下（異筆）　留守所

件役勤否之条、可依先例之、

感神院所司等解文

一色不輸ノ保

大介藤原朝臣（花押影）」

感神院所司等解　申進　申文事

請殊任　宣旨状、被裁免□日別御供米便補保丹波国波波伯部村、留守所背

例、称朱雀門材木引夫、令宛行巨多夫役状、

右、所司等謹検案内、件村者、為当所天神毎日調備御供料米之所、被便補之一色不輸之保也、田数非幾、僅十九町餘也、所住之民烟又狭少也、因茲被免除大嘗会雑事之日、依為有限御供保、可停止国衙万雑所役之由被下　宣旨状、既畢、其後造内裏之雑事、同任彼　宣下状、被免除了、而留守所乍存　宣旨状、寄事於朱雀門所役、令宛行十五人夫役之條、神事闕如之基也、即放入䡄了之使等、令責亡保内之間、保民既及逃散、随当月御供米、彼保之所課也、若無保民者、難運上御供米、無御供料米者、難備有限神供、非例之甚、何事如之、況乎依被免除十五人夫役、為国衙全無其損、為社家殊有其勤、望請　恩裁、任　宣旨状幷先例、被裁免件人夫役者、将仰　綸旨不空、弥奉祈国土豊饒矣、仍所司等勒在状、謹解、

保元三年四月五日

小寺主法師「教定」（別筆、以下同）

公文法師「弁賢」

権上座大法師「良厳」
小別当大法師「永祐」
小別当大法師「勝円」
造寺権別当大法師「寛秀」
造寺権別当大法師「覚円」
造寺別当大法師「永意」
権大別当大法師「忠勝」
権大別当大法師「覚禅」
権大別当大法師「隆慶」
権大別当大法師「覚寿」
都維那大法師「聞賀」
寺主大法師「隆範」
上座大法師「定義」
権別当大法師「円慶」
権別当大法師「忠爰」

権別当大法師「経厳」
大別当大法師「最忠」
大別当大法師「実円」
大別当大法師「良円」
大別当大法師「寛円」
大別当大法師「忠賀」
大別当大法師「快厳」
大別当大法師「定賀」
大別当大法師「基仁」
大別当大法師「賢円」
大別当大法師「応円」

。端ニ「高山寺」ノ朱文方印アリ、

三　感神院所司解写

「（異筆）国宣　相撲停止事保元三年」

「（異筆）下　留守所

件相撲人保司大別当最忠依召進、於国責者、可停止之、

大介藤原朝臣（花押影）」

感神院所司等解文

感神院所司等解　申進　申文事

請被特蒙　恩裁、免除当院御供保丹波国波波伯部村相撲一人被差定難堪

愁状

右、所司等謹検案内、当保者田数狭少之上、耕作神人僅七八人許也、日別御供米猶難運上之処、留守所寄事於勅威、称彼保分而被差宛件相撲役之間、既致農業之懈怠畢、是御供闕如之基也、以何可勤仕有限神供乎、何況所被差定之高野則兼、全非強力之輩、又非名称之器、皆是下愚之檐夫也、随無国衙之損、有神事之勤者也、望請　恩裁、任道理被免除件役者、将仰神威之厳重、弥奉祈　国宰安穏之由矣、仍所司等注在状、謹解、

高野則兼

保元三年五月十八日

小寺主法師「慶厳」（別筆、以下同）
公文法師「弁賢」
権上座大法師「良厳」
小別当大法師「永祐」
造寺権別当大法師「寛秀」
造寺別当大法師「覚円」
造寺別当大法師「永意」
権大別当大法師「忠勝」
権大別当大法師「勝円」
権大別当大法師「覚禅」
権大別当大法師「隆慶」
権大別当大法師「覚寿」
都維那大法師「聞賀」
寺主大法師「隆範」
上座大法師「定義」

権別当大法師「円慶」

権別当大法師「忠爰」

権別当大法師「経厳」

大別当大法師「最忠」

大別当大法師「実円」

大別当大法師「良円」

大別当大法師「寛円」

大別当大法師「忠賀」

大別当大法師「快厳」

大別当大法師「定賀」

大別当大法師「基仁」

大別当大法師「賢円」

大別当大法師「応円」

開発境内下地

異賊降伏御祈

四　後鳥羽上皇院宣写

祇園社開発境内下地事、厳重神領異于他之由、延久鳳詔又以炳焉也、然者止甲乙人等伝領之儀、全社家一同管領、専神用、可被抽御祈禱丹誠者、院宣如此、悉之以状、

十一月十八日　（押紙）「建仁二」

左中弁（藤原長房）（花押影）

佐大別当御房

五　名越時基施行状写

関東御教書案文

異賊降伏御祈事、関東御教書如此、早可被致御祈禱之誠精候、仍執達如件、

弘安七年四月廿八日　遠江守（名越時基）在判

。宛所闕く、

法印感晴東向庵室等ヲ後家一万丸母堂ニ譲与ス

六　感晴庵室等譲状

譲与　条々事
一、東向庵室、
一、丹波小河祇園田陸段 本所御文存名字□栄晴状分明之處、如此事随□沙汰候歟、
右後家一万丸母堂仁所譲与之実也、更不可有他人之妨之状如件、
正安四年五月五日　　法印感晴（花押）

少将井神輿造替ノ先例

七　神輿造替手記断簡（切紙）

（端裏書）「神輿造替手記　引付書写了」
少将井神輿造替事
元亨元三一目安云、元暦元年六月□
訴訟之間、番一問一答 奉行蔵人経遠、経躬、 同□
修理又預　勅裁了、而顕増告訴訟之□

行円以来波々伯部保ヲ師資相承ス

同奉行去年元暦二、六月被付波々伯部□
神輿一基之由捧申状
元亨二年沙汰之時、当方〈同九月九日〉請文云□
少将井一基造進了、為随分沙汰歟云々、此時□□様子

八　足利直義下知状写（冊子）

（表紙）「祇園社
暦応二年下知状」

祇園社前執行助法眼顕詮申、丹波国波々伯部保事

右、当保者顕詮曩祖権長吏行円為神供料所管領之後、曾孫顕玄法橋可師資相承之由、元久二年三月二日、賜　院庁御下文、先師顕円法眼正和三年正月廿六日、譲与顕詮畢、於散在公田捌町者被寄附当社之條、永仁三年八月廿七日　宣旨、延慶二年十月十五日　院宣炳焉也、安行庄住人又太郎信盛、宮田庄住人次郎左衛門尉以下輩押領之由、帯建武四年八月六日安堵　院宣、及訴訟之間、同

波々伯部新左衛門尉ト全丸名半分ヲ以テ和与ス

廿一日経評議、十二月廿日、以志賀弥太郎行貞・上原孫神太秀基沙汰付畢、而重乱入之由依称之、可打渡之旨、去年八月九日、課仁木伊賀守頼章下御教書之処、九月廿四日、執進信盛請文畢、当保下司職為御家人領可各別之由雖載之、如顕詮所進六波羅正安元年十二月廿三日下知状者、下司氏澄代良盛与雑掌親円相論之間、於所職者、社家一円可進止之由所見也、如嘉暦二年十二月十六日同下知状者、波々伯部新左衛門尉盛国越訴之間、以全丸名半分依和与載(裁)許畢、於彼状者、顕詮捧案文之処、信盛代経算備進正文之上、不及子細、如元徳三年十一月廿一日奉書者、全丸名半分事、預所不叙用下知状可沙汰付云々、符合于嘉暦下知状之間、難及一保違乱、如建武三年二月一日下司職下文者、為勲功之賞雖宛行、為社領之條、見先段、爰顕詮或為当国御敵張本之由、度々註進之、或降参之後、差遣家人重清於新田兵部少輔手之間、召捕之、進侍所之旨、頼章雖載請文、相尋沙汰次第之処、如建武四年十二月廿八日侍所記録者、波々伯部住人左近次郎男事白状所々変申畢、有所務沙汰歟、祇園執行顕詮法眼先朝御代進人勢之條、必非其咎歟、然而先可召籠也云々、如津戸出羽権守入道々元与奪頼連・貞兼等写進同五年三月八日記録案者、祇園社前執行顕詮事、丹波国波々伯部

当保ハ諸方通用之用道

顕詮東寺ノ陣ニ祗候ス

次郎左衛門尉敵対之間、註進状難許容之旨、顕詮所申非無子細、且直被成御教書之上、侍所毎相改之時註進同篇、旁無其謂、可被閣歟云々、且三浦介高継侍所管領之時、顕詮不忠之由頼章雖註申、糺明子細無誤之旨　奏聞之間、日野入道大納言家達・大宮中納言隆蔭卿、建武四年申賜安堵　院宣訖、於信盛等者、頼章依扶持欲申沈顕詮於罪科之旨所申之也、最初執進敵入(人)注進状之條、頗難信用、次如頼章請文者、当保殊為諸方通用之用道之間、丹生寺・香下寺凶徒等依可得力、頼章構要害於当所、差遣軍勢之間、雖塞方々通路、限于当道往反于今無相違云々、為要害之地者、兼日可言上之處、顕詮企訴訟之後、称信盛陳謝註進疑殆不少、次如当執行静晴法印解状者、顕詮者罪科人也、於神供者、信盛致沙汰之間、請取者也、顕詮不可相綺云々、去年五月十四日、以岩井四郎左衛門尉家秀、下彼状畢、如同人所進頼章状者、顕詮為御敵之間、向後為領家職恒例神役無懈怠可致将軍家御祈禱云々、任彼状勤仕日御供之由称申之條、前後変々之上、領家職亦不賜　院宣者、争可許容哉、顕詮者、元弘以来給御教書、専為御祈禱人、建武三年七月、祗候東寺、致公私御祈之由　院宣明白也、不違理訴、送年月之條、為不便之儀歟、然則停止信盛違乱、可沙汰付当保於顕詮、次信盛押領咎并年々得分

物事、構要害之由守護人註申之上者、不及沙汰者、下知如件、

暦応二年十二月十七日

左衛門督源朝臣(足利直義)（花押影）

九　氏名未詳紛失状

新券文ヲ立ツ

立申　新券文事

祇園南大門百度大路石塔西頬、口南北肆丈参尺、奥東西陸丈捌尺五寸地文書事

百度大路ノ地文書ヲ暹尊下人ノ家ニ於テ盗ノ為メニ盗マレル

右、件券契等、去月十五日夜於祇園裏築地南頬暹(暹)尊下人宿為盗人紛失之条、無其隠之間、為後証所申請社家以下御署判也、仍紛失状如件、

貞和弐年八月廿九日

惟□（花押）

九　氏名未詳紛失状

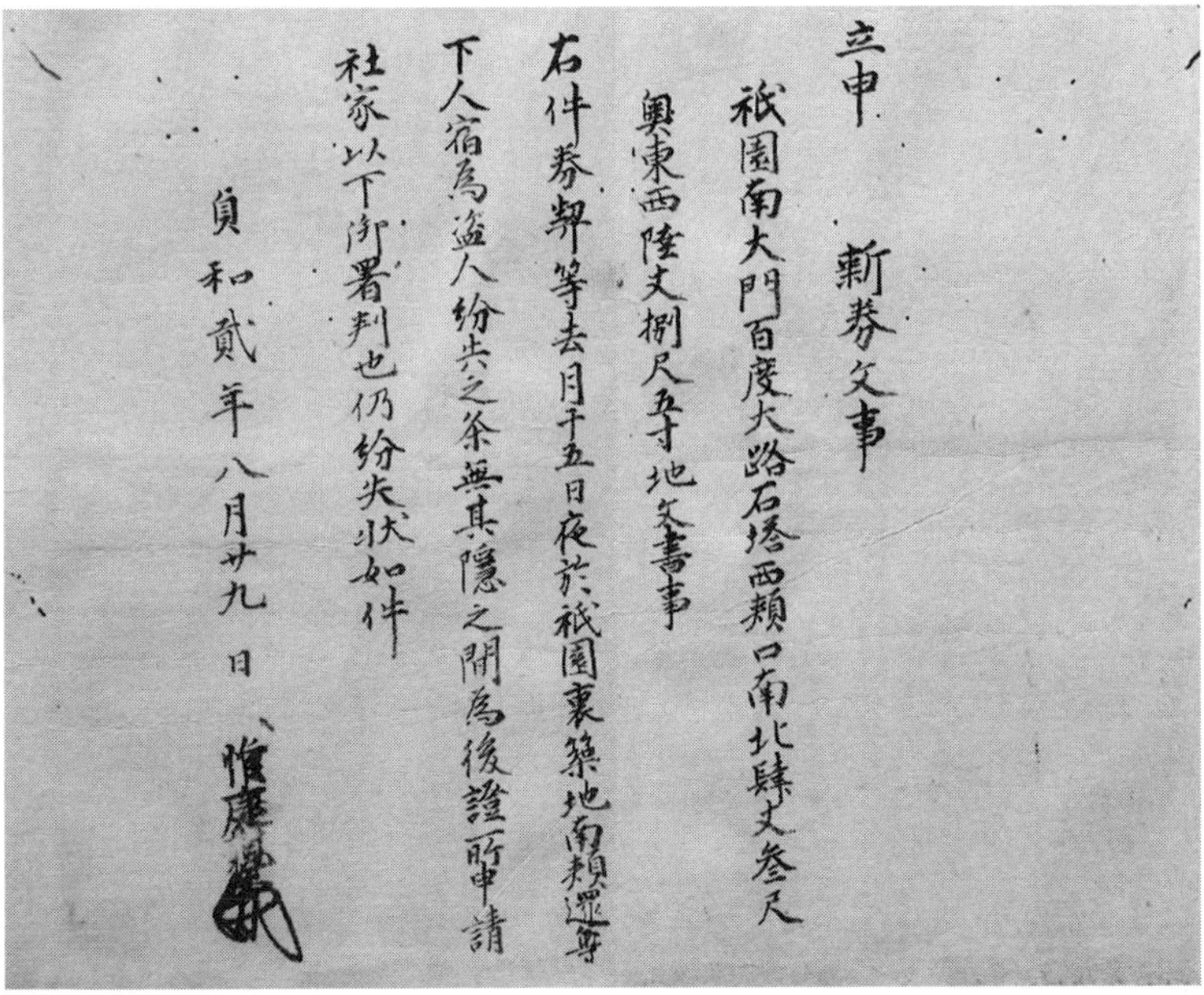

立申　新券文事
祇園南大門百度大路石塔西頬口南北肆丈参尺
奥東西陸丈捌尺五寸地文書事
右件券契等去月十五日夜於祇園裏築地南頬還等
下人宿爲盗人紛失之条無其隠之間爲後證所申請
社家以下御署判也仍紛失状如件
貞和貳年八月廿九日　惟康（花押）

一一　静晴別当得分注進案

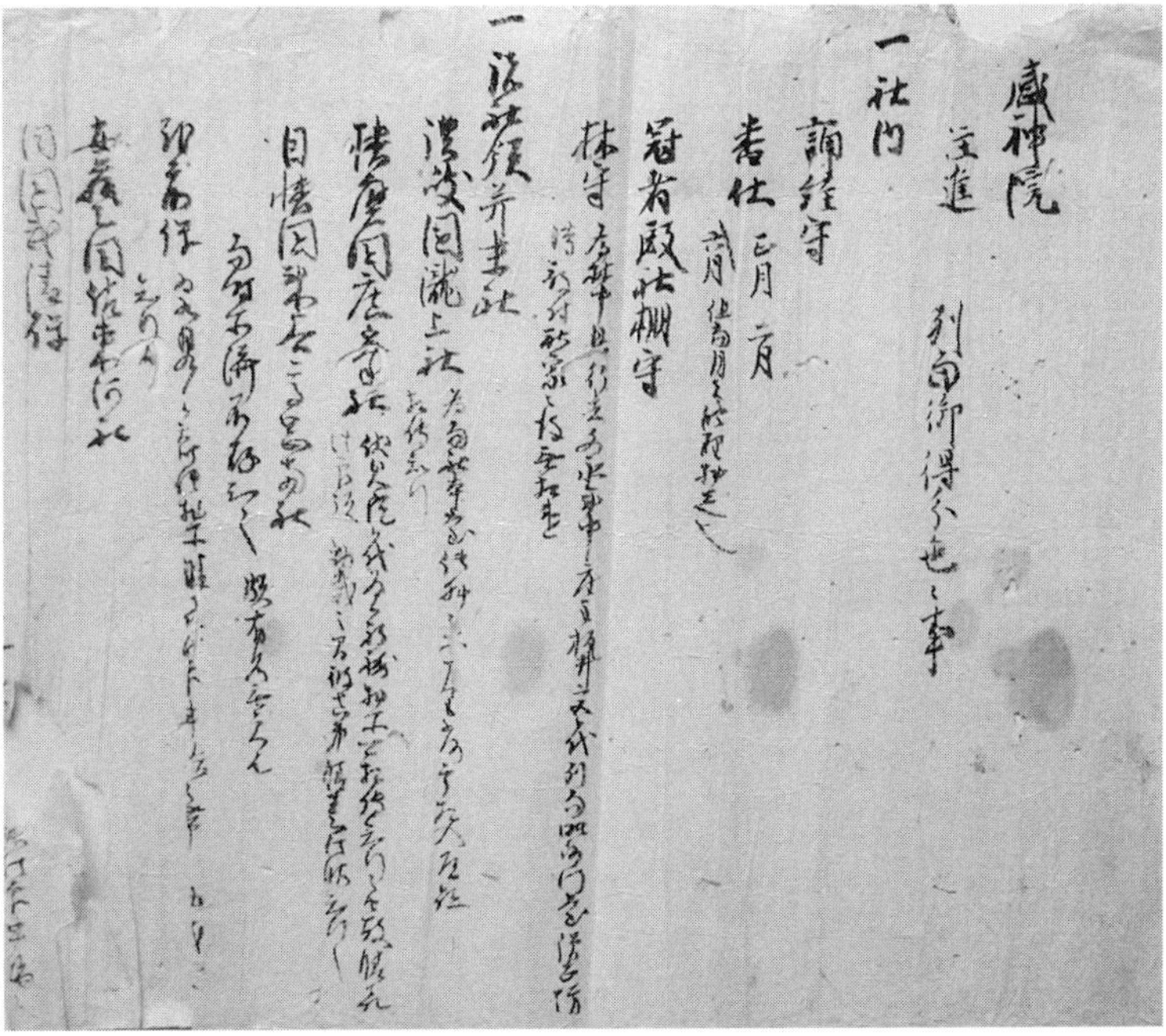

感神院　注進　別当御得分也之事
一社門
誦経守
書仕　正月　六月

一〇　氏名未詳請文

「(端裏書)すけのほふ《坊》あくのうりふミ《売文》、ちけ《地下》のちうもん《注文》・つぼつけ《坪付》とてわか御かたへしち《質》のれう《料》に
ゆつりふミ《譲文》□の□とかひとてうけとり《請取》候者御かたのもん《文書》そのかり文」
たんハ《丹波》の御ミやうてん《名田》の御ゆつり《譲》の事、ほか《他》にしち《質》にをき候ハんために、そら事に申いたし《出》候、この御ゆつり《譲》ハきやうこう《向後》とも御もちい《用》候ましく候、いたんのれう《料》に申いたし候、よて《仍》のち《後》のためにしやう《状》くたん《件》のことし《如》、
ちやうわ《貞和》三年三月九日　（花押）

一一　静晴別当得分注進案　（祇園社記　続録三）

「(端裏書)別当得分　貞和三
静晴法印注進案、自別当被下之間、付押紙返進了、」

感神院
注進　別当御得分色々事
一、社内

別当得分
社内

諸社領幷末社

越前保

武清保

菘町保

瓜町保

誦経守

番仕 正月、二月、六月、 但当月者修理料足也、

冠者殿社棚守

林守 為林中興行、去文永年中、座主梶井宮御代、別当毗沙門堂僧正坊時、被付社家已後無相違、

一、諸社領幷末社

讃岐国瀧上社 為当社本堂供料之所、万里少路宰相入道跡相伝知行、

播磨国広峯社 伏見院御代、為御祈禱料所可相伝知行之由、故晴喜法印預　勅裁之間、彼真弟晴春法眼知行之、

因幡国来谷・高岡両社

当時所済不存知之 頗有名無実歟、

越前保 為九月九日御節供料所、晴喜法印申給之、帯　勅裁令知行歟、

安芸国佐東河社

同国武清保

已上両所為長日転経料所自永仁年［　］法印申賜之、当時真弟顕増法印領掌之、

菘町保 四条坊城、但近来被宛行寄検非違使俸禄歟、

瓜町保 八条坊門東洞院、

地子一石五斗　正月七草菜在家別弁之、
四月在家別筵一枚　梵供在家別弁之、
十二月薪七十九把
芹町保七条坊門室町、
地丈数十六丈　一丈別准布一段代銭廿文、　葸（ママ）銭丈別七文、
七草菜在家別代銭廿文、　梵供丈別七文、
薪代丈別七文、
京極寺社別当職
正月二日棚守　御供二前
壇供九十枚　六月御戸開時百文
八月同前　同月祭礼弊（幣カ）懸物半分
歳末地子弁之、
但彼社近年荒廃之後、有名無実歟、
五条天神社神主職　自院召次猿方時、不及管領、
上大将軍堂神主職　称相伝、不従御所勘、

四条南北保
井戸田保
神人分
堀川左右方神人
小袖商神人
袴腰座神人

中大将軍堂神主職　当時御得分不存知之、有名無実歟、
下大将軍堂神主職
　一年中以八百疋請之云々、但近年之儀不存知之、
山階田自正和年中、為三月三日御節供料所寄附之、教晴法印知行之、
賀茂田
　田代五段五斗代、
四条南北保但近来為寄検非違使俸禄、被宛行之、
井戸田保一向有名無実歟、
八条御領一戸主 但近来河成云々、
一、神人分
　堀川左右方神人所役堂定供飯幷饗膳八十荷、其外別当 御補任見参料廿貫文致沙汰之處、近年一向無沙汰、
　年貢榑人別四十八寸加河使得分、此内以二百寸為社頭御修理也、
小袖商神人元亨　勅免以来、不及其沙汰之處、自暦応年中、為 勅裁被定置神主助重社恩歟、
袴腰座神人
　所役人別百七十文三ケ度仁済之、

少将井神主所役
大政所別当所役
六月御霊会

一、少将井神主所役、毎年歳末御車網代簾一具進之、
一、大政所別当所役不同紙百帖毎年六月進之、
一、三月一切経会畳廿帖小文十二帖、紫八帖、被召之、
一、六月御霊会馬上一鉾、同神馬二疋見参料絹代五貫文、
　合神馬三疋、　玉御供二前近年無沙汰歟、
一、七月安居会被物代五百文　六丈布一段、　四丈布二段進之、
一、九月一日、念仏大頭御供一前、
一、十月一日、同小頭御供一前、
一、十二月一日、仏名頭神供一前、
　此外別当膳　菓子十合帋立、　白米十合同、　御酒二瓶子、
　　大桶一口在鉢火箸、　荒菜十合
一、正月三ケ日御供之御菓子一荷、　十四日之間、御粥進之、
　十四日以後、御壇供九十枚但近年大略減少、
一、二月局行薄餅、巫女局別一枚進之、
一、五月五日、御節供之神供一前、

四ケ保課役

一、諸国御封米但顚倒已後、経年序了、
一、四ケ保課役・五節供幷召車初任見参料等被宛召之処、神供本式之後、不及其沙汰、
一、宝塔院御仏供以下召物号用銭、　六十一石一斗八升潤月年者可有加増歟、
一、社領堂供養、唱導別当御勤仕但近来退転、
一、社僧転任之時、任料十貫文但近来御免、
右、大概注進如件、

貞和三年八月廿九〔日〕　少寺主法師円智
一公文法眼和尚位顕聖
執行法印大和尚位静晴
（祇園社記　雑纂八）

一二　感神院政所返抄

美作国御封米

感神院政所返抄
検納　美作国御封米事

合
官米佰漆石
右、当年所当調成安上、所検納如件、
正平六年十二月廿七日少別当阿闍梨禅照
別当権律師（花押）　権都維那大法師（花押）
執行法印大和尚位（花押）　権大別当阿闍梨大法師（花押）
上座法眼和尚位（花押）
○全面ニ三十一顆ノ朱文方印（印文不読）アリ、

別当二ヶ日
別火精進

一三　別当吉書記

別当吉書事正平七記、　十一月九日行之、
社家三ヶ日精進、別当三ヶ日別火精進、以井上（ママ）於社家行之時、五結被下行之、
一、吉書三枚一公文書上、幷一社僧名公文所同書出、番仕所役自社家方廿二枚御下文此内七ヶ所別当、当時無管領地略之、内十五通、已上入葛蓋、以二公文進別当、則加判、吉書三通被返

下之、
吉書葛宮籠号（ママ）風情持之、
一、十一月九日、於社家別当吉書行之、予鎰奉入之、於持仏堂行之、一公文兼執行代顕聖法眼、二公文仙舜、三公文玄覚供奉、此外専当・宮仕悉供奉、続松二把自是用意、

（祇園社記　続録五）

一四　俊聖敷地寄進状

俊聖四條東洞院ノ地ヲ祇園社ニ寄進ス

奉寄　祇園社

四条東洞院西北頬東口東西弐丈、奥南北拾参丈、

右敷地者、法印俊聖相伝当知行于今無相違、而敬神異他之間、所奉寄進祇園社也、於奉行職者、宝寿殿永代管領不可有相違者也、仍寄進状如件、

文和二二季七月十八日

法印俊聖（花押）

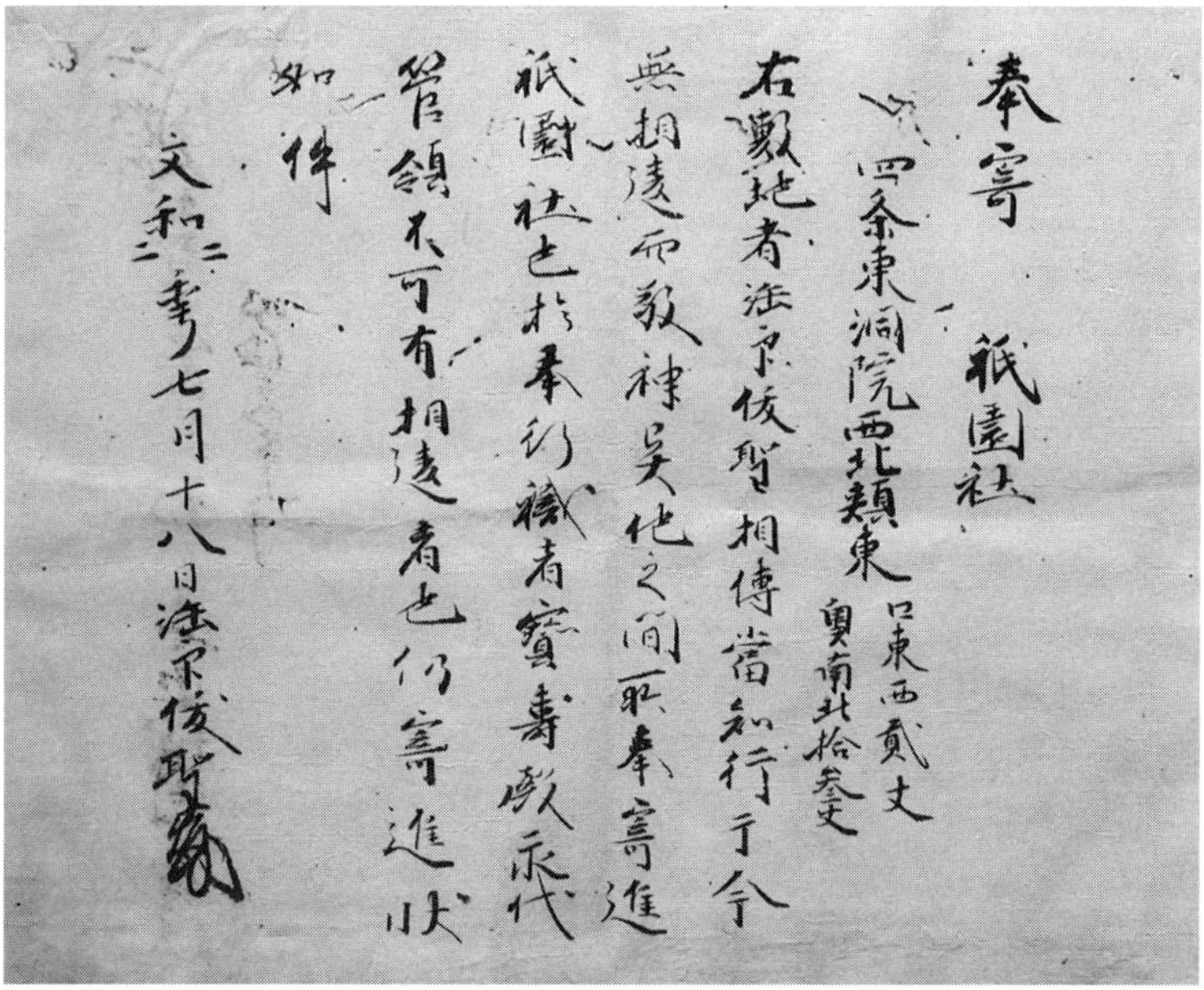

奉寄　祇園社
一所　四条東洞院西北頬東　口東西貳丈
奥南北拾参丈
右敷地者法下俊聖相傳當知行于今
無相違而致禄矣他之間所奉寄進
祇園社也於奉行職者寶寿院永代
管領不可有相違者也仍寄進状
如件
文和二二年七月十八日法下俊聖（花押）

一四　俊聖敷地寄進状

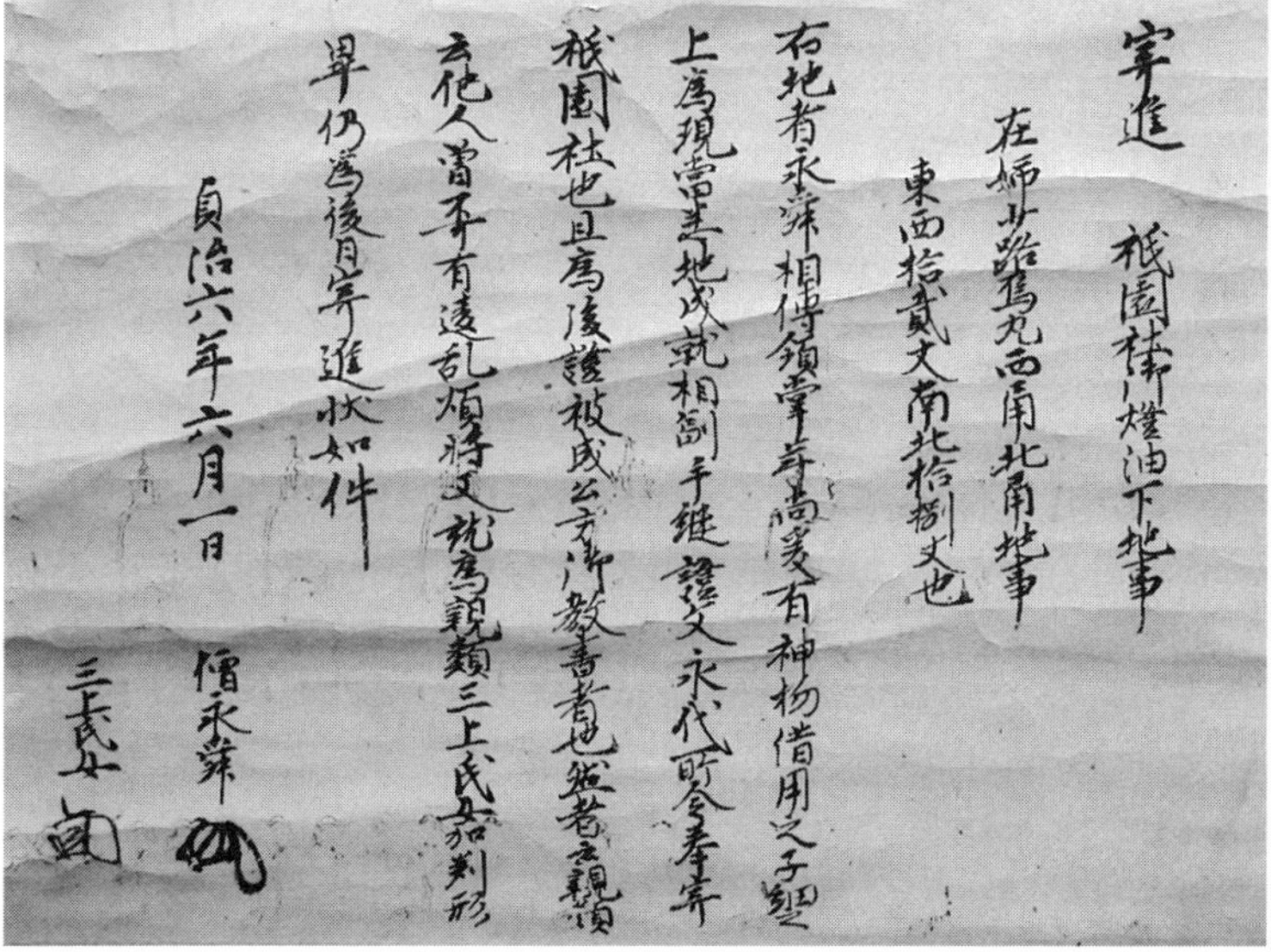

寄進　祇園社御燈油下地事
在姉小路烏丸西南北角地事
東西拾貳丈南北拾捌丈也
右地者永舜相傳領掌于今尚矣有神物借用之子細
上為現當其地成就相副手継證文永代所令奉寄
祇園社也且為後證被成公方御教書者也然者於親類
云他人當寺有違乱煩時者就為親類三上氏女加判形
畢仍為後日寄進状如件
貞治六年六月一日　僧永舜（花押）
三上氏女（花押）

一六　永舜御燈油下地寄進状

備中国御封米

一五　感神院政所返抄

（祇園社記　雑纂八）

感神院政所返抄
検納　備中国御封米事
合
官米弐佰石
調布参拾段
中男油壱斗
右、当年所当調成安上、所検納如件、
康安元年六月廿九日少別当法師
執行法印大和尚位（花押）　権大別当阿闍梨大法師（花押）
権上座法橋上人位（花押）
寺主阿闍梨大法師（花押）
。全面ニ十八顆ノ朱文方印（印文不読）アリ、

一六　永舜御燈油下地寄進状

（祇園社記二五）

寄進　祇園社御燈油下地事
在姉少路烏丸西角北角地事
東西拾弐丈南北拾捌丈也
右地者永舜相伝領掌年尚、爰有神物借用之子細之上、為現当悉地成就、相副手継証文、永代所令奉寄祇園社也、且為後証被成公方御教書者也、然者、云親類、云他人、曾不可有違乱煩、将又就為親類三上氏女加判形畢、仍為後日寄進状如件、
貞治六年六月一日
僧永舜（花押）
三上氏女（花押）

一七　祇園百度大路石塔西頰地文書目録

（祇園社記　雑纂一）

（端裏書）
「四条道場明一より譲与
祇園百度□（大）□（路）石塔西頰橋爪堂北、地文書□（正）文」

百度大路石
塔西頰

佐々木高秀
佐々木道誉
四条道場時衆明一

祇園百度大路石塔西頬 橋〔爪〕□堂北 南〔北〕□四丈三尺、奥東西六□〔カ〕八尺五寸也、

新券文一通 貞和二、
僧暹尊売券 貞和二十三、
佐々木礼部 甲良殿、高秀、 免状 貞治四壬九廿、
同判官入道殿 道誉、 免状 同日、
神保掃部助俊氏後室売券 貞和四壬九廿二、
英《アクイ》入道後室歟 藤原氏女 藤井中将妹歟 尼妙意加判 売券

已上六通

四条道場時衆明一御房ヨリ、永和元年十二月十五日譲給、顕深譲状、追而可
給之、

社家八講僧名

一八　感神院政所崛請

感神院政所
崛請　社家八講僧名事臈次、
一日、二日、
幸円　俊尊
三日、四日、
重運　春叡
五日、六日、
賢愉　増栄
七日、八日、
良秀　舜能大徳
右、自来月一日至同八日、任例可為参勤状如件、
永和三年
応安七年七月　日　小別当法印慶増

社務執行権少僧都

一九　氏名未詳書状案

○以下二通ハ一八号文書裏ニ書シタリ、

吉兆旨誠度々御申趣候、尚以珍事〱、抑鞦遣縄返給了、重御用之条、為悦候、每
事期御参賀之時候、恐々謹言、

正月　日　（草名）

二〇　氏名未詳書状案

番仕事

遣御代方返事　永和三

御返事之趣、委承了、番仕事、於身更不可□先規候、然而御意其憚入候之間、自
昨夕相副御代官別当方代官候、先例所見等入見参候て、頭俊所申無為候者、可
被図候、又御沙汰参差候者、御管領不可有紛儀候間（条勿論候間、）先如此致沙汰候、委細之旨、

自是可令啓候、恐々謹言、尚御代自他不可遣社例之条勿論候、御意察申候、可然之様御計候者可為御興隆之専一候哉、委旨自是重可令啓候、恐々謹言、

四月廿四日

二一　威徳院書状

（端裏書）
「威徳院　執行任補事　永徳元　」

（切封跡アリ）

誠此間連々申奉之条、本意候、兼又彼題目事落居、先大途無子細候歟、珍重目出候、其子細昨夕御使物語候而、尚々悦候き、彼御請文事、いたく不可為詮用候哉、いかさま尚々可申入候、明日可被召任符候哉、然者尚々可申入候て日経之後中〳〵無申計候、御心慮為申候、いかさまにも明日御符任無子細候へしとこそ存候へ、但難知候自是可申候、恐々謹言、

七月十九日　（花押）

威徳院

金心寺
性修金心寺領田畠ヲ禅空ニ譲与ス

「（ウハ書）（封）
（花押）」

二二　性修田畠譲与状

譲与
摂津国有馬郡金心寺号寺庄、領田畠事
合壱所者
右、件田地者、性修相伝之所也、然而同朋異于他上、依有因縁、　院宣・御教書幷
奉書等悉相副、次第本証文所譲与禅空大徳実也、但於祇薗（園）社役者、最少分毎年
無懈怠、致其沙汰、於下地者、永代所可被知行、更不可有他妨者也、仍為後日之状
如件、

永徳弐年七月一日

性修（花押）

土岐満貞ヲシテ善応寺僧衆等ノ祇園社燈油料所姉小路室町ノ地ヲ押妨スルヲ止メシム

京済二千疋ハ毎年十一月中ニ沙汰スベシ

二三　室町幕府御教書写　（祇園社記　続録三）

（端裏書）「同被成侍所」

祇園社燈油料所姉少路室丁（町）北東頬地内東西参丈余、南北九十丈事、善応寺僧衆等相語山徒幷武家被管（官）仁押妨云々、太不可然、早止其妨可被沙汰付下地於宝寿院法印代之状、依仰執達如件、

至徳二年十二月廿六日　左衛門（斯波義将カ）（佐脱カ）（花押影）

土岐伊（満貞）与（予）守殿

○花押影ハ斯波義将ノ花押ヲ影ジタモノニアラズ、

二四　智円請文

祇園社領加賀国萱野村内市名・茅原名・真野名、同屋敷以下事、自今年毎年十一月中京済弐千疋（不依旱水風損以下、不謂夫賃等立用、）無一塵之未進懈怠、可致其沙汰、若或過約月、或有未進難渋之儀者、速可被致直之御所務、更不可有無沙汰者也、仍請文如

二三　性修田畠譲与状

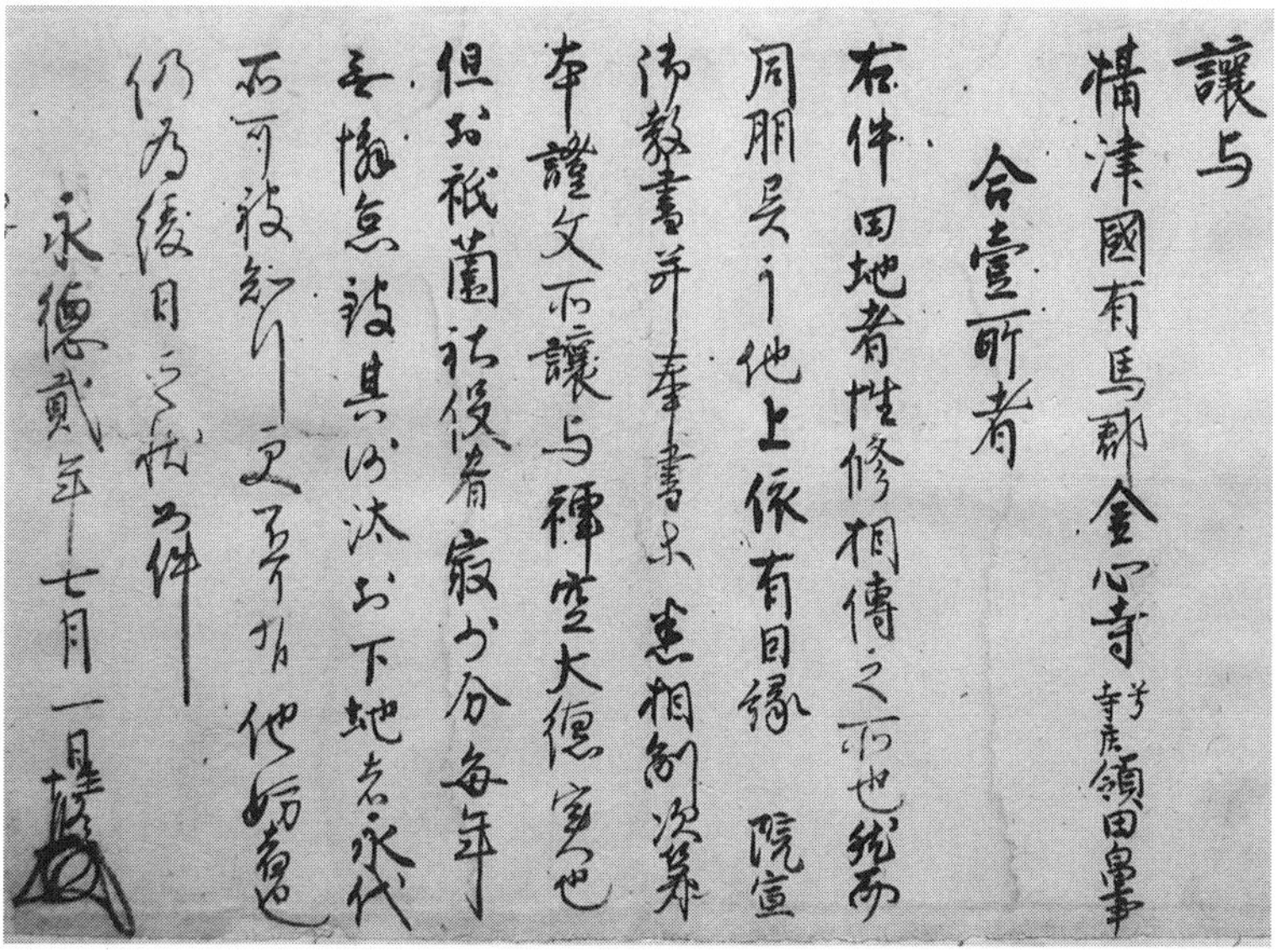

二四　智円請文

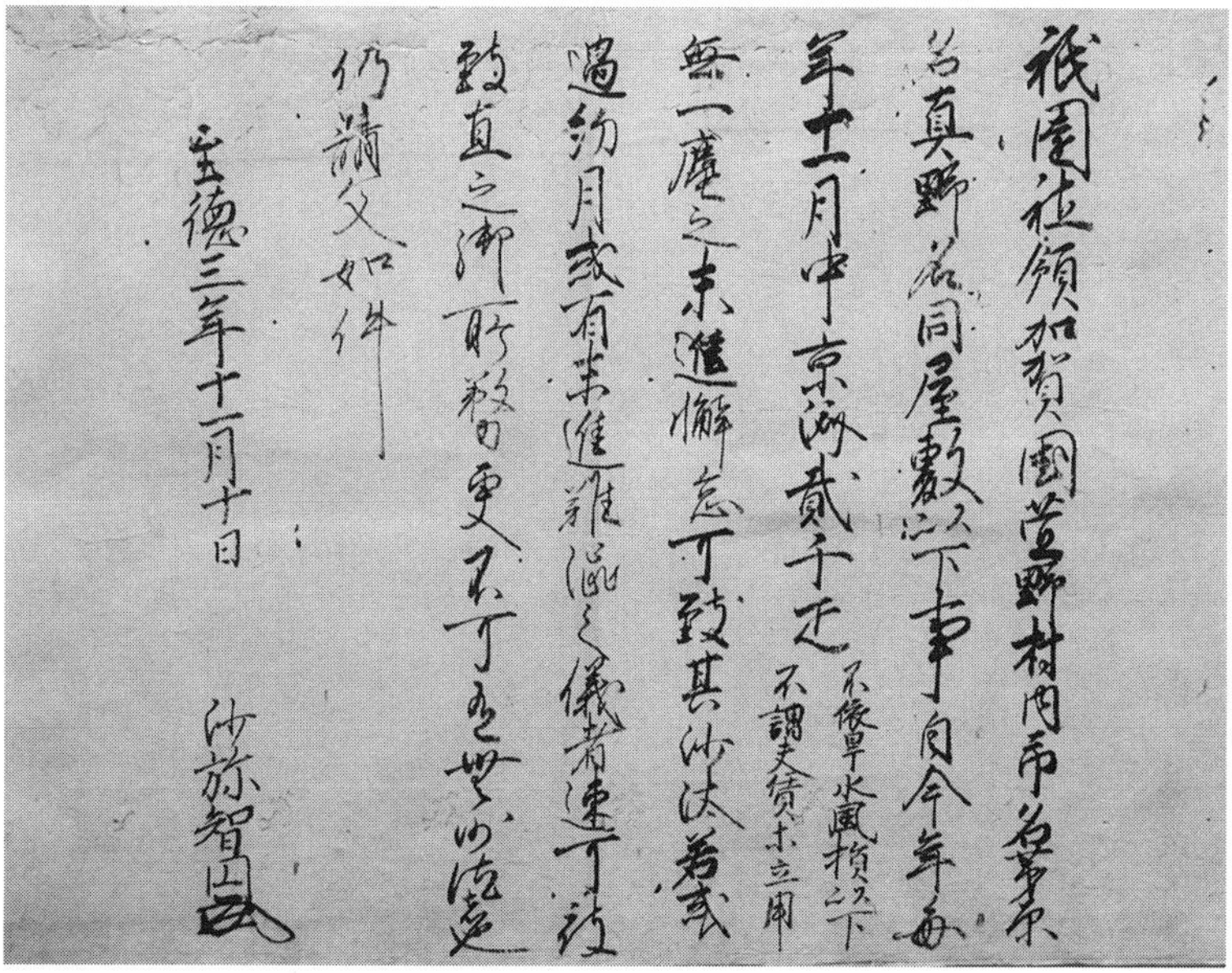

件、

至徳三年十一月十日　　　沙弥智円（花押）

宝寿院代ノ土山庄内名田ヲ違乱スルヲ止メシム

二五　赤松義則奉行人連署奉書案（折紙）

（端裏書）
「柏原所進守護方書下案」

柏原対馬守佐頼申、土山庄（播磨国）為国名内田地壱町七段事、申状・具書如此、混広峰刑部大夫跡、宝寿院代致違乱云々、事実者、太不可然候、早相尋巨細、所申無相違者、可止彼妨、猶又有子細者、載起請之詞、可被注申由候也、仍執達如件、

明徳元年十二月十二日　　　寿健在判
　　　　　　　　　　　　　性実在判

波河伊駕（賀）守殿
美保前兵衛尉殿

守護被官人上原式部入道土山庄地頭職ヲ押領ス

南都方雑掌土山庄地頭方内田地等ヲ押領ス

二六　宝寿院法印代実晴申状案

（端裏書）「申状 祇園社申土山庄事案」

宝寿院法印代実晴申、播磨国広岑社領土山庄地頭職内三ヶ条違乱事

右、地頭職者、等持院（足利尊氏）殿御代以得宗領御寄進社家之間、当知行無子細者也、守護被管人上原式部入道号公文得分、田畠三町余・神物料足六百疋押領、奇代濫吹也、於当庄者、為承久没収之地之間、下司・公文称号不可有之条勿論也、下賜厳密御教書、欲全神用矣、

一、同地頭職内鎌倉夫用途者、往古以来致其沙汰之条、無子細之処、地下人等寄事於左右難渋之間、神用闕怠惣別之珍事也、同被下御教書可加催促者也矣、

一、同地頭方内田地等、南都方雑掌無故押領之条、希代悪行也、同下賜御教書欲全神用、所詮早彼三ヶ条被成下厳密御教書、可抽御祈忠者也、仍言上如件、

明徳二年八月　日

正税ハ毎年十月中ニ京済スベシ

二七　左近将監署判奉書写

丹後国衙領内池内保正税事、任例毎年十月中悉可被京済候、無不法懈怠者更不可有改動之儀、若及難渋対捍候者、任御請文之旨可有其沙汰旨、内々依仰執達如件、

明徳三年四月廿五日　　左近将監（花押影）

屋部殿

祇園境内ヘノ段銭ノ催促ヲ止ム

二八　結城満藤奉行人連署奉書（折紙）

（端裏書）
「段銭免除書下　山城国中段銭　守護結城（満藤）殿」

祇薗（園）御境内段銭事、所被閣申也、可被止催促之由候也、仍執達如件、

応永元年十二月五日　　幸長（花押）

是友（花押）

牧新左衛門尉殿（秀忠）

武並保領家職ヘノ役夫工米ノ催促ヲ止ム

二九　室町幕府奉行人等連署奉書

祇園社所司等申、備中国武並保領家職役夫工米事、帯諸役免除嘉慶二年御下知之上者、可被停止催促之由所被仰下也、仍執達如件、

応永三年十月廿八日

備中守（三須季信）（花押）
沙　弥（飯尾常円）（花押）
掃部頭（摂津能秀）（花押）

造営使殿

顕深ノ祇園

三〇　室町幕府御教書案

安堵御判

祇園社御師職幷社務執行以下所職所帯等事、任顕深法印譲状、宝寿丸可領掌

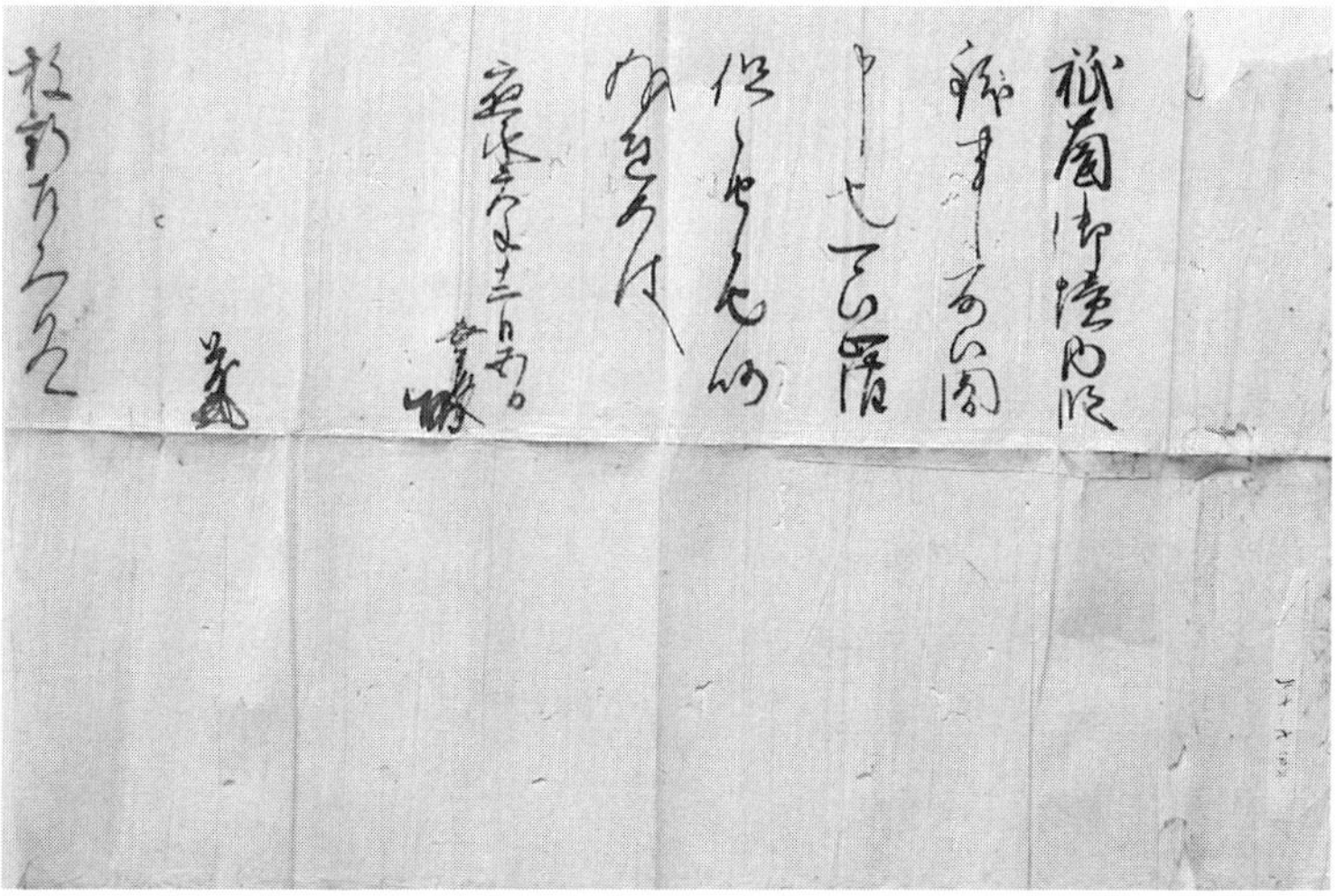

二八　結城満藤奉行人連署奉書

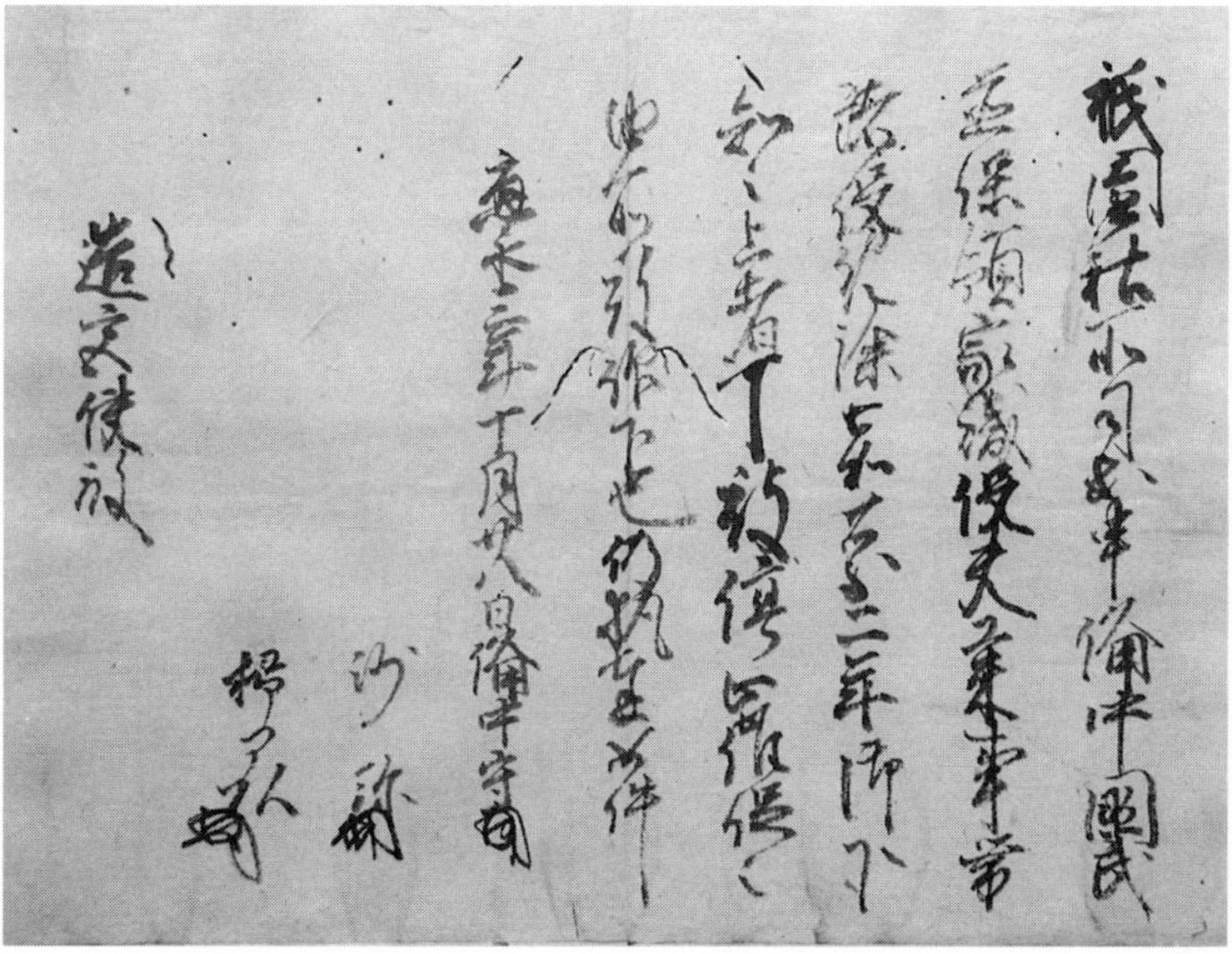

二九　室町幕府奉行人等連署奉書

社御師職并社務執行以下所職所帯等ヲ安堵スル

顕深宮河保供米等ヲ本栄比丘尼ニ譲与ス

之状如件、

応永四年十一月十九日

御判

三一　顕深供米等重譲与状　（祇園社記　続録二）

重譲与

一、祇園社領近江国宮河供米参分一方、参分弐方、

一、祇園社領近江国坂田保供米

一、祇園社領山城国山科田供米

一、当社薬堂（ママ）祇園本堂観慶寺、公用事

一、祇園社内等顕深管領小社悉可有管領、但社内京極寺社先度雖宛賜坊人加賀房幸慶、令異変可為本栄比丘尼之分者也、

右五ヶ条所々、本栄比丘尼永代可有管領、曾不可（有脱カ）他妨之状如件、

応永十年十月廿日

法印顕深（花押）

○後闕ク、継目裏ニ墨書アリ、

六月番仕公用七十貫文

三二　兼恵請文

請申　当社六月番仕公用事

合漆拾貫文者

右公用者、来月二日参拾貫文、八日弐拾貫文、廿一日弐拾貫文以上、可致其沙汰候、更不可有無沙汰、仍請文如件、

応永十一年五月晦日　　兼恵（花押）

祭礼神馬三疋

三三　顕深書状案

（端裏書）「請文案　祭礼神馬三疋申歳」

祭礼御神馬三疋黒、河原毛、栗毛、任例引給候畢、則致啓白抽懇祈候、以此旨可有御披露候、恐々謹言、

応永十一年六月六日

御師法印顕深判

三四　祇園社執行敷地売券案

「同年月」（端裏書）

売渡敷地之事

合　口東西弐丈、奥南北漆丈捌尺、者

右、祇園社領白河四条面南頬敷地者、為御修理用脚直銭参貫文限永代長慶院売渡処也、立社用之上者、後々末代不可成其妨者、為後日売状如件、

応永十二年十二月廿九日

社務執行大別当在判

祇園社領白河四条面南頬敷地ヲ長慶院ニ売却ス

宝寿院玉寿ニ祇園社執行職ヲ安堵ス

三五　室町幕府御教書案

（端裏書）
「御教書案」

管領武衛（斯波義重）
祇園社執行職事、早任去年二月六日安堵、可全執務之由、所被仰下也、仍執達如件、

応永十三年閏六月十七日　沙弥（斯波義重）判

宝寿院玉寿殿

御旅所敷地ヘノ地口等ノ催促ヲ止メラレンコトヲ請ウ

三六　祇園社所司等申状案

祇園社所司等謹言上

右、当社領洛中五条坊門烏丸一保者御旅所敷地、殊更社役厳重地也、仍嘉慶二年三月十七日、諸役御免除御下知之上者、為被亭（停）止地口等之催促、謹言上如件、

応永十四年十月　日

神馬一疋

三七　顕縁書状

（端裏書）
「応永十八　三　廿九　山名殿御神馬」

祇園社御神馬一疋栗毛□渡給候畢、則於□致啓白、抽懇祈之精誠候、可得御意□謹言、

三月廿九日　　　　顕縁

大田垣殿

三八　祇園社御師執行顕縁支状案

（祇園社記　続録三）

（端裏書）
「支状案也」

祇園社御師執行権律師顕縁謹支言上

当社執行職譜代相続証文等事

副進

一巻　代々御祈禱　勅裁・御教書幷御鎧犯用静晴御勘気御奉書、同侍所状等十三通、

足利尊氏祇園社ニ鎧ヲ奉納ス
静晴南朝ニ参ル

一帖　静晴南方　綸旨幷兵衛佐殿御教書、次錦少路殿(足利直義)御教書、御敵方御祈禱所見十六通、

右、当職者、譜代相伝之所職也、殊貞治五年仁顕深自任当職以来、于今四十六箇年令相続者也、然之間、天下御祈禱長日無退転、爰康永三年十二月十五日、等持寺(院)殿為御願御奉納当社御鎧於静晴盗出之、参南方致軍忠畢、依御鎧犯用御勘気被成下御奉書者也、彼罪科人為孫弟良晴何令競望当職哉、彼如申状者、顕縁先祖之非同姓之由訴申歟、凡為法職師跡相続、強不可限其子孫、釈門之法、師弟契約之儀、不珍者哉、所詮良晴被奇捐(棄)無理乱訴、弥為抽御祈禱精誠、粗言上如件、

応永十八年十二月　日

祇園社領洛中屋地ヘノ新玉津嶋社造営料地口催促ヲ止メシム

三九　松田秀経書状（折紙）

(端裏書)「地口御免御書下、奉行松田対馬入道殿(善通)　応永十九　十二　十五」

祇園社領洛中屋地注文在之、新玉津嶋社造営料地口事、可被止催促之由候也、恐々謹言、

十二月十五日　　善通(松田秀経)（花押）

別当按察御房

四〇　中澤氏綱書状（折紙）

祇園社領ヘノ鴨社仮殿遷宮要脚地口催促ヲ止メシム

「（端裏書）地口免状　奉行中澤備中入道（行靖）　応永廿一　七　十」

祇園社領、鴨社仮殿遷宮要脚地口事、可被停止催促之由候也、恐々謹言、

七月十日　行靖（中澤氏綱）（花押）

当社造営方禰宜殿

四一　感神院下文

（祇園社記二十三）

御補任案文
感神院下

補任　左方神主職事

藤原益幸

右、所補任彼職如件、

応永廿二年五月廿二日 十九日

社務執行権律師（花押）

四二　檀那院相厳御教書

五条坊門以南高辻子以北東洞院東頰敷地半分ハ社家トシテ領知スベシ

（端裏書）「自座主給案文　応永廿四　七　廿三　此正文以深慶　八五返進了、」

五条坊門以南高辻子以北東洞院東頰敷地南北肆丈東西弐拾丈事、比丘尼祖音為相伝之地之間、去明徳元年十一月十五日、彼地子半分永代雖寄進祇園社、本主半分為社家一向令無沙汰之間、就　座主依歎申、任理運契約半分通為社家可致其沙汰之由、堅御下知之間、依有條々申子細、参分壱分可去渡本主方之由申定之上者、自今已後更増減煩之儀不可有之者也、仍為後証依仰状如件、

応永廿四年

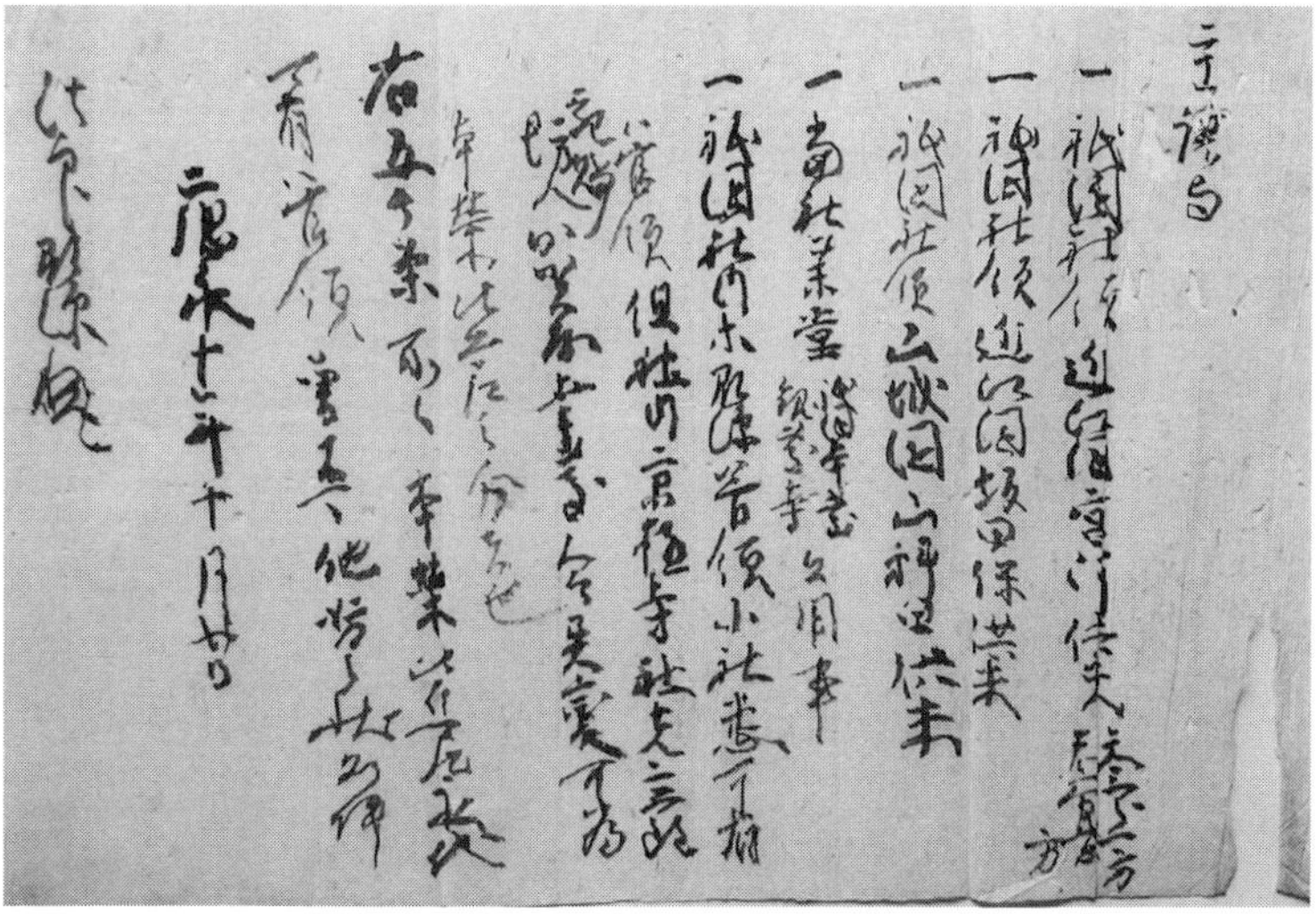

三一　顕深供米等重譲与状

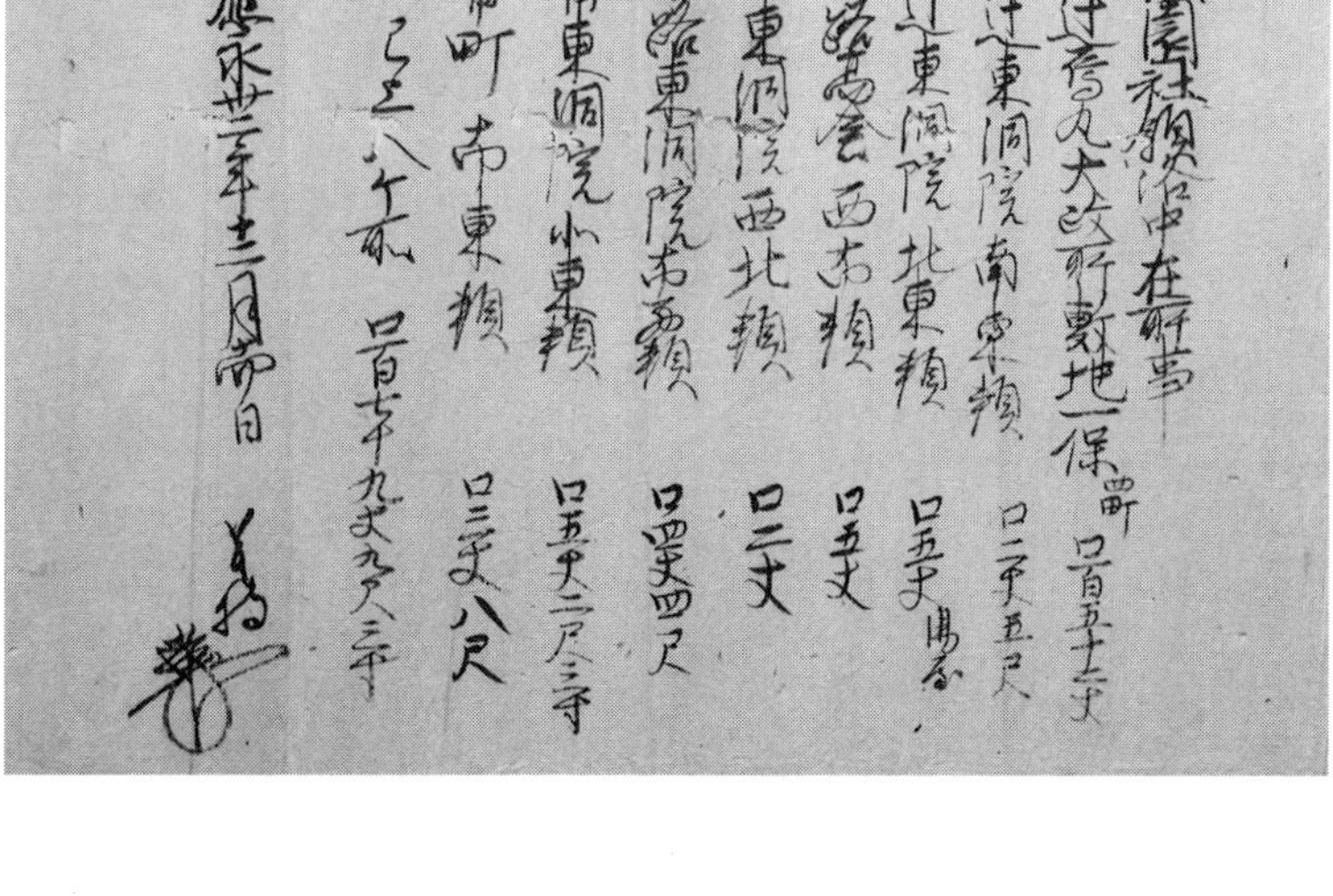

四九　足利義持御判祇園社領洛中在所目録

三百文

大夫

五百文

四三　王大鼓舁分馬上料足請取状

。以下二通、一紙ニ書シタリ、

(端裏書)「かたハやの神子請取　応永廿七　六　二　馬上」

うけとり《(請取)》申候むまのかミ《(馬上)》のれうそく《(料足)》の事

合三百文　わう《(王)》のたいこかき《(太鼓舁)》分

右、うけとり《(請取)》申所如件、

応永廿七年六月二日

大夫（花押）

四四　片羽屋神子分馬上料足請取状（竪切紙）

うけとり申むまのかミのれうそくの事

合五百文

右、うけとり申御さかて《(酒手)》、おとこ《(男)》の御かたへうけとり申所如件、

応永廿七年六月二日

大夫（花押）

社家仏名道布施

五百文

四五　感神院政所下文（切紙）

政所下　正月番仕新帋百帖事

即可下行

右、社家御仏名御道御布施可有下行之状、如件、

応永二十七年□月　日

社務執行権□都

四六　詮増阿闍梨成一献分進上折紙（折紙）

（端裏書）「ゑちせん（越前）房より別当あしり（ママ）やなり（阿闍梨成）のにんれう（任料）のおくり（送）状

応永廿八　卯　十六」

御一こん（献）ふん（分）の事

合伍百文

越前少別当
詮増

右、阿闍梨なり（成）のふん（分）に令進上申候所如件、

応永廿八年卯月十六日

池田殿

越前少別当詮増（花押）

崇徳院馬場

コノ所ニ於
テ茶毗火ス
ベカラズ

四七　元承請文

（祇園社記　続録三）

請申　敷地事、崇徳院馬場之北

合口南北伍丈、奥東西拾肆丈者

右、祇園社領裏築地西頬也、地子尺別四十文充、毎年両季ニ無懈怠可致其沙汰候也、壱季分壱貫文候、千万未進懈怠候者、如何之可預御催促候、更不可有異儀候、就中於此在所不可有茶毗火候、此条々背申候者、雖何時候、此地可進開候也、仍請文之状如件、

応永廿八年辛丑七月二日

元承（花押）

三貫文

神主代政重

高辻烏丸大政所敷地一保

四町

湯屋

四八　右方鉾懸用途請取状（竪切紙）

（端裏書）
「馬上料足之内、右方神主鉾懸料請取、此内二貫四百文色々社家所役ニ立用之、
応永卅二　六　二」

請取　祇園社右方鉾懸用途事

合参貫文者

右、所請取如件、

応永卅二年六月二日　　　神主代政重（花押）

四九　足利義持御判祇園社領洛中在所目録

祇園社領洛中在所事

一、高辻烏丸大政所敷地一保四町　　口百五十二丈

一、高辻東洞院南東頬　　口二丈五尺

一、高辻東洞院北東頬　　口五丈湯屋

一、綾少路高倉西南頬　口五丈
一、四条東洞院西北頬　口二丈
一、錦少路東洞院南西頬　口四丈四尺
一、六角東洞院北東頬　口五丈二尺三寸
一、六角町南東頬　口三丈八尺
已上八ヶ所　口百七十九丈九尺三寸
応永卅二年十二月十四日　義持（足利）（花押）

五〇　祇園社領洛中在所目録

（端裏書）「奉行清和泉（秀定）」

祇園社領洛中在所事
一、高辻烏丸大政所敷地一保四町　百二十丈三寸、此外神殿分十六丈七寸、
一、高辻東洞院南東頬　口二丈五尺

祇園社領洛
中在所ヘノ
地口催促ヲ
止メシム
東寺実相寺
雑掌

一、高辻東洞院北東頬　口五丈
一、綾少路高倉西南頬　口五丈
一、四条東洞院西北頬　口二丈
一、錦少路東洞院南西頬　口四丈四尺
一、六角東洞院北東頬　口五丈二尺三寸
一、六角町南東頬　口三丈八尺
以上八ヶ所
惣都合丈数百四十七丈九尺六寸
(異筆)
「先に被同候、不可被催促候也、
応永卅三五月十六日　(清)秀定（花押）
東寺
実相寺雑掌
」

「(裏書)
執行所（花押）」

撰舎ノ御下知
向後御輿ヲ
捨テ喧嘩ヲ
引キ出ス等
ノコトスベ
カラズ

十貫文
讃岐国西大
野保

五一　八大王子駕輿丁請文案

（端裏書）
「請文案」
祇園社八大王子御輿加与丁（駕輿）申請間事、依年々無沙汰及撰舎之御下知条、一同歎申上候、於向後者、毎事如先規可成申神幸候、寄事於左右、或奉捨御輿、或引出喧嘩等候者、堅可有御罪科候、仍為後日十六町加与丁一同請文之状如件、

応永卅四年六月六日

御奉行所

五二　祇園社納所用途請取状案（切紙）

（端裏書）
「さぬきのにし大のゝ御請取あん　永享二　十二　廿　あさ□弁　」

請取用途事

合拾貫文者 幷御燈油弐荷四桶之内、且壱荷弐桶弁、此外在京夫壱人未進也、

右、祇園社領讃岐国西大野保当年庚戌分、所請取状如件、

永享弐年庚戌十二月廿日　納所法眼御判

五三　祇園社執行顕縁支状

祇園社執行権少僧都顕縁謹支言上

一、馬上功程参百貫文支配帳一巻

一、左方神主助重・助貞等請取二通

一、右方神主請取一通

一、年行事送文一通

右、当社御祭礼馬上用途事、顕縁奉行之、仍諸色掌人令下行者也、而左方神主自専之由掠申之条、言語道断所行也、其故者、已助重・助貞等請取幷右方神主請取同前、備右之、以此趣為有御披露、粗言上如件、

永享四年五月　日

祇園会馬上用途ハ顕縁奉行シ諸色掌人ニ下行セシム

百五十貫文

五四　下居神供分馬上料足請取状（竪切紙）

「馬《（端裏書）》上料足下居御神供分請取　永享五　六　二」
うけとり《（請取）》申おり《（下居）》のミこく《（御御供）》之れうそく《（料足）》の事
　合三貫文者
右、うけとり《（請取）》申状くたん《（件）》のことし《（如）》、
　永享五年六月二日

このかうへ《（兄部）》（花押）
二わんしや《（和尚）》（花押）
三わんしや《（和尚）》（花押）

五五　馬上一衆年行事祇園馬上功程送文

送進　祇園馬上功程事
合佰伍拾貫文者

定泉坊靖運

右、所送進之状如件、

永享七年六月二日　年行事靖運（定泉坊）（花押）

祇園執行御坊

北野御経要脚

三貫文

禅住坊承操

五六　禅住坊承操北野御経要脚納状

納申　北野御経要脚事

合参貫文者

右、為祇園執行沙汰、所納申之状如件、

永享十年十月十三日

禅住承操（花押）

五七　別当分馬上料足請取状

（端裏書）「別当　松房　永享十二」

請取申　別当御分馬上料足事

十四貫八百文

縁春

三十三貫五百文

合拾肆貫八百文者

右、所請取如件、

永亨十二年庚申六月二日　縁春（花押）

五八　目代分馬上料足請取状

「（端裏書）目代分　永亨十二」

請取申　馬上料足之事　目代方分

合参拾三貫伍百文者

右、所請取申状如件、

永亨十二年庚申六月二日　縁春（花押）

五九　長吏分馬上料足請取状（竪切紙）

「（端裏書）長吏　永亨十二　六　二」

七貫七百文

?永

二貫文

勧祐

請取　馬上料足事

合七貫七百文者

右、長吏分御鉾懸料以下、所請取如件、

永享十二年六月二日　起永（花押）

六〇　寮公人分馬上料足請取状（竪切紙）

（端裏書）「備中方　永享十二」

請取申　馬上料足事

合弐貫文者

右、所寮公人分請取之状如件、

永享十二年六月二日　観祐（花押）

二貫五百文

兄部

二和尚

三和尚

六一　注連上分馬上料足請取状（竪切紙）

（端裏書）「御しめあけ　永享十二」

請取申　馬上御しめ（注連）上料足事

合弐貫五百文者

右、所請取申如件、

永享十二年申六月二日

兄部（花押）

二和尚（花押）

三和尚（花押）

六二　屋地子等算用状断簡

。前闕く、

地子

梅坊跡

三百文　小さく地子無
永享八年九年地子［　　］六文分ナシ
二郎［　　］年四月ヨリ請申

百六十文　ひこせ　永享十二年二月ヨリ請申
永享八年より十一年マテ四ケ年ノ地子一貫三百□□(十二)□五文□□［　　］地子無

二百五十文　きや□ふ

百六十五文　とゝ神子

二百卅八文　あい屋

百卅五文　大夫後家

百卅文　しやうくわん比丘尼

百廿文　こ大郎二間分

四百■■　与大郎

二百七十文　同与二郎

三百文　秀慶

七十五文　角堂梅坊跡加地子

三百文　はたや

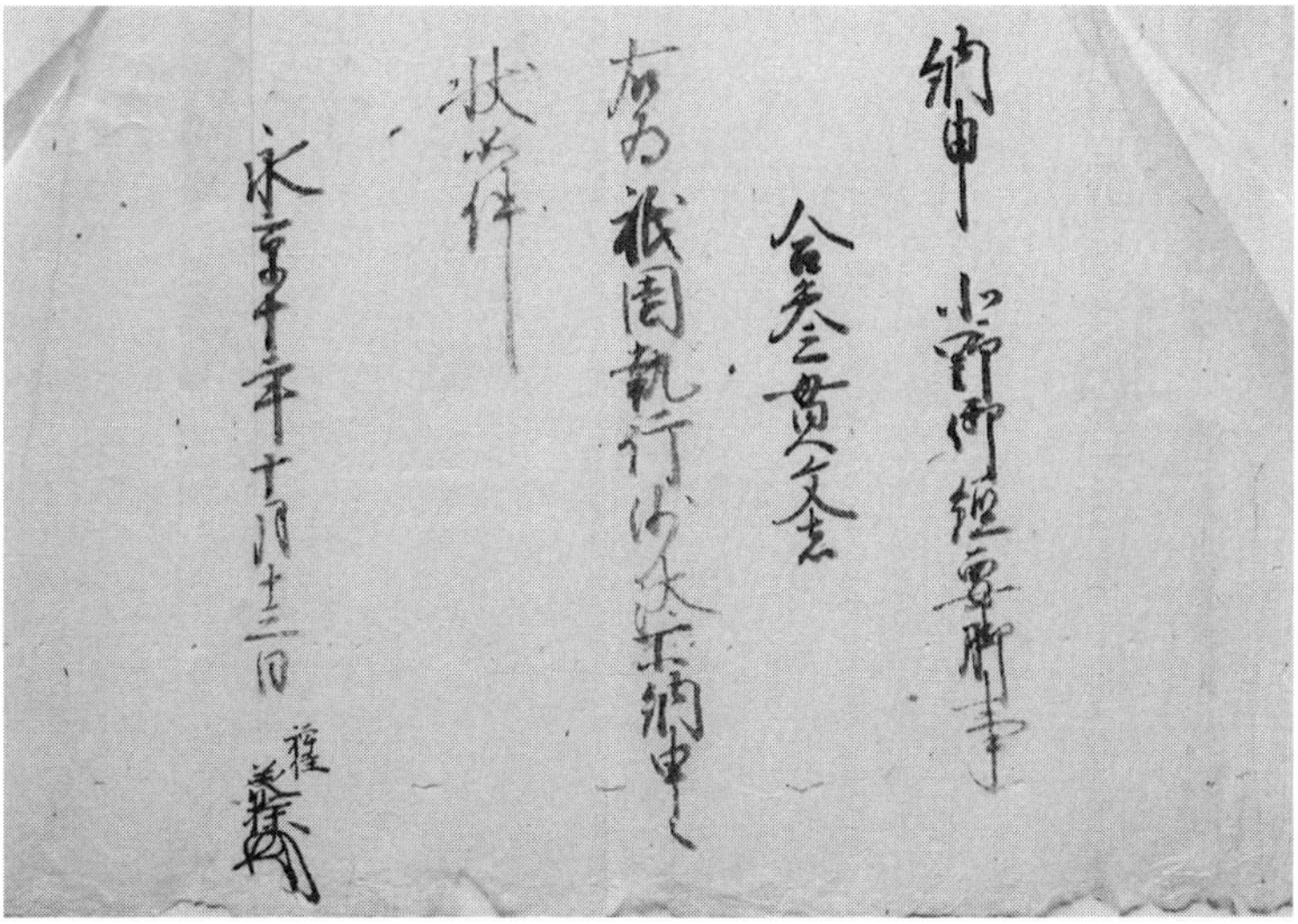

五六　禅住坊承操北野御経要脚納状

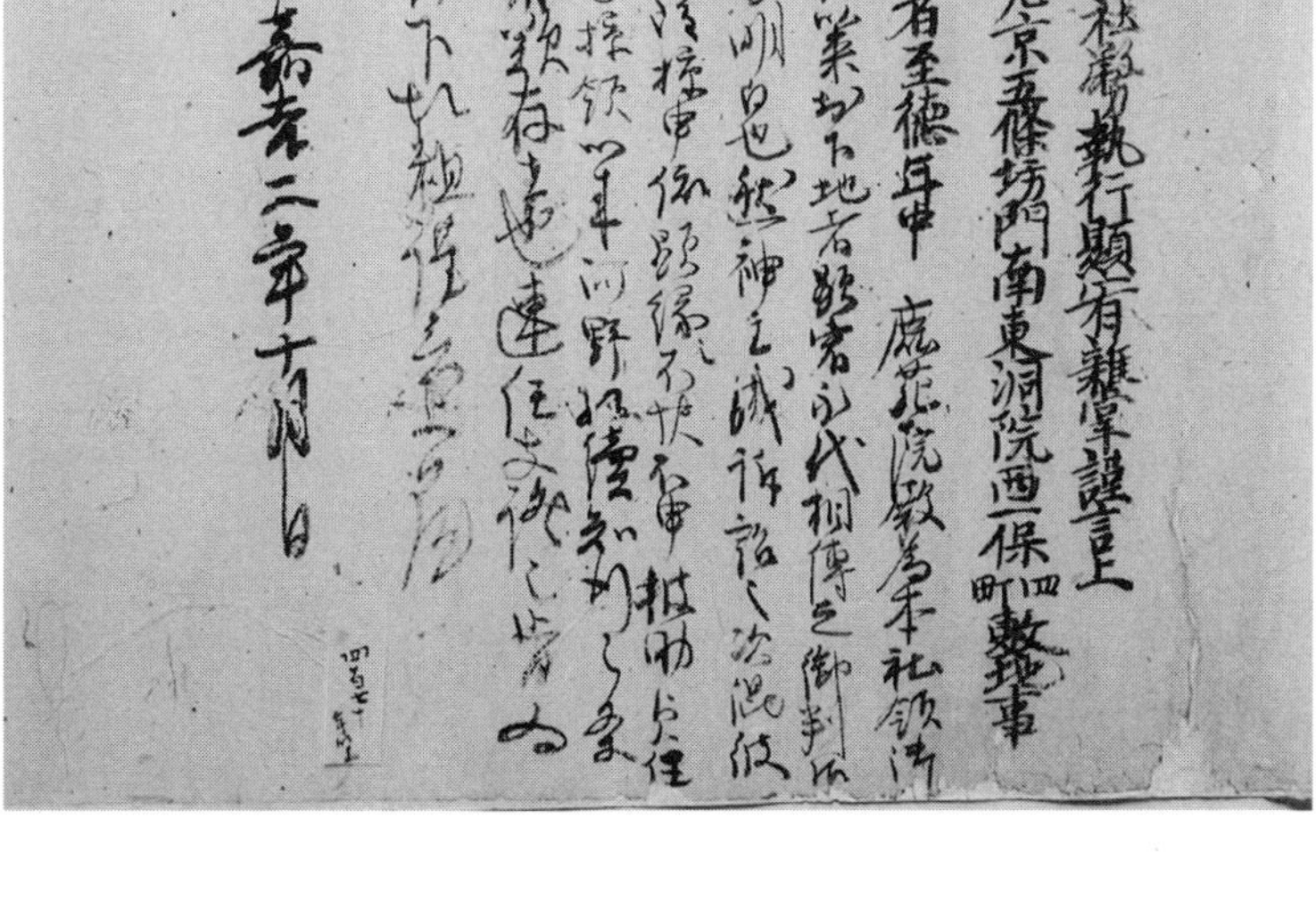

七六　祇園社務執行顕宥申状

。後闕ク、

六三　屋地子等算用状断簡

。前闕ク、

屋地子

屋地子ノ時ハ三百文

二百文　若跡竹坊

一貫文　本重

三百廿文　永享十年夏地子ヨリ此三月マテあき地 一貫九百廿三文ナシ、あき地　梅坊ノあと

梅坊ノ跡

三百廿文　嘉吉元年三月者百姓付　三梅坊之跡　百五十八文　越前方之下部、百五十三文ヲハ泰居替、

永享十年ヨリ十二年マテ四ヶ年間ニ減スル在所五ヶ所、

四貫参百八十七文　御散用ニ可立申物也、

四貫文
兄部
二和尚
三和尚

○後闕ク、

六四　宮仕方分馬上料足請取状（竪切紙）

（端裏書）
「宮仕方三人分　嘉吉元　六　二」

請取申　馬上料足事
　合肆貫文者
右、所請取申候如件、
　嘉吉元年酉六月二日
　　　　　兄部（花押）
　　　　　二和尚（花押）
　　　　　三和尚（花押）

六五　承仕分馬上料足請取状（竪切紙）

（端裏書）
「承仕□」

八貫五百文

幸乗

秀慶

四貫文

請取申　当社馬上御下行物事

　合捌貫伍百文者

右、所納如件、

　　嘉吉元年六月二日　　幸乗（花押）

　　　　　　　　　　　秀慶（花押）

六六　乗尻分馬上料足請取状（竪切紙）

（端裏書）「乗尻　嘉吉二　六　二」

請取　馬上料足事

　合四貫文者

右、乗尻分、所請取之状如件、

　　嘉吉二年六月二日　　観祐（花押）

三百文

二貫文

六七　御正躰分馬上料足請取状（竪切紙）

「（端裏書）御正躰　嘉吉二　六　二」

請取　馬上料足事

合三百文者

右、御正躰分、所請取之状如件、

嘉吉二年六月二日　観祐（花押）

六八　寮公人分馬上料足請取状（竪切紙）

「（端裏書）寮公人　嘉吉二　六　二」

請取　馬上料足事

合二貫文者

右、寮公人分、所請取之状如件、

嘉吉二年六月二日　観祐（花押）

二貫文

二貫文

六九　御立神楽分馬上料足請取状（竪切紙）

（端裏書）「御立神楽　嘉吉二 六 二」

請取　馬上料足事

合二貫文者

右、御立神楽分、所請取之状如件、

嘉吉二年六月二日　観祐（花押）

七〇　獅子舞分馬上料足請取状（竪切紙）

（端裏書）「獅子舞　嘉吉二 六 二」

請取　馬上料足事

合二貫文者

右、獅子舞分、所請取之状如件、

嘉吉二年六月二日　観祐（花押）

七一　乳人分馬上料足請取状（竪切紙）

「（端裏書）乳人　嘉吉二　六　二」

五貫文

請取　馬上料足事

合五貫文者

右、乳人分、所請取之状如件、

勧祐

嘉吉二年六月二日　観祐（花押）

七二　寮櫃分馬上料足請取状（竪切紙）

「（端裏書）寮樻（櫃）　嘉吉二　六　二」

請取　馬上料足事

四百文

合四百文者

右、寮樻（櫃）分、所請取之状如件、

嘉吉二年六月二日

観祐（花押）

二貫五百文

七三　御注連上分馬上料足請取状（竪切紙）

（端裏書）
「御注連上 兄部 二和尚 三和尚　嘉吉二　六　二」

請取申　馬上御しめあけ料足事

合弐貫五百文者

右、所請取申如件、

嘉吉二年戌六月二日

兄部（花押）

二和尚（花押）

三和尚（花押）

十四貫八百文

春照

三十三貫五百文

七四　別当分馬上料足請取状（竪切紙）

（端裏書）
「別当分　　嘉吉二　六　二一（ママ）」

請取　別当御分馬上料足事

　合拾肆貫捌百文者

右、任例請取所如件、

　嘉吉弐年六月六日　　春照（花押）

七五　目代分馬上料足請取状（竪切紙）

（端裏書）
「目代請取　　嘉吉二　六　二一（ママ）」

請取申目代馬上料足之事

　合卅参貫伍百文者

右、所請取申如件、

　嘉吉弐年六月六日　　竹坊深慶（花押）

顕宥永代相
伝之敷地

七六　祇園社務執行顕宥申状

祇園社務執行顕宥雑掌謹言上
　左京五條坊門南東洞院西一保四町敷地事
右地者、至徳年中　鹿苑院(足利義満)殿為本社領御寄附以来、於下地者、顕宥永代相伝之御判御教書明白也、然神主職訴訟之次、混彼敷地雖掠申、依顕縁之不快不申披、助貞任雅意掠領以来、河野相続知行之条顕宥歎存者也、速任支証之旨、為蒙御下知、粗謹言上如件、
　嘉吉二年十月　日

七七　片羽屋男神子分馬上料足請取状（竪切紙）

（端裏書）
「片羽屋神子　　嘉吉三　六　二」
うけとり申　馬上銭の事

五百文

四貫文

合伍百文
右、片羽屋男神子（ママ）
嘉吉三年六月二日　　五郎二郎（花押）

七八　乗尻分馬上料足請取状（竪切紙）

（端裏書）
「乗尻　嘉吉三　六　二」
請取申　馬上料足事
合四貫文者
右、乗尻分、所請取申如件、
嘉吉三年六月二日　　観祐（花押）

七九　乳人分馬上料足請取状（竪切紙）

（端裏書）
「めのと　嘉吉三　六　二」

五貫文

二百五十文

請取申　馬上料足事

合伍貫文者

右、為乳人分、所請取申如件、

嘉吉三年六月二日　　観祐（花押）

八〇　総分馬上料足請取状（竪切紙）

（端裏書）
「ふさ請取　嘉吉三　六　二」

うけとり申　れうそくの事

合二百五十文者

右、ふさ（総）のふん（分）、所請取如件、

嘉吉三年六月二日　　ふさのおとこ（花押）

大政所神主

八一　少将井宮仕浄徳申状　（祇園社記二三）

（端裏書）「少将井宮仕所進　善住房持参　嘉吉三　六　六」

畏申上候、
今度大政所神主執行坊拝領以後、宮仕方へ是非御尋にもあつからす、彼社御
役ニはつされ申、とくふん（得分）皆々被召上候、乍去両御旅所宮仕ニて候間、少将井
御役にハ可随申候へ共、定而御山にて可被失面目候間、一向不可随御役候、若
又御山にわつらゐ（煩）なき様ニ為　公方被加御下知候者、少将井可随御役候、仍
謹言上如件、

六月六日　　宮仕浄徳（花押）

八二　祇園社大政所納帳（冊子）

（符箋）「嘉吉二　政所納帖
年貢□」

石見方

「（表紙）祇蘭（園）社大政所」

納帳　嘉吉参年六月七日より

七日

四貫八百十八文之内　弐貫八百十八文雑用

此内御供九膳下行

八日

十三貫七百八十二文内　弐貫五百四十二文雑用

此内御供九膳下行、又石見方

借物三貫二百四十文返弁

九日

八貫七百五拾文内　弐貫三百五十文雑用

此内御供九膳下行

十日

七貫三百三十六文内　壱貫八百三十六文雑用

此内御供九膳下行

十一日
十弐貫四百四十六文内
壱貫九百四十六文雑用
此内御供九膳下行

十二日
廿四貫弐百二十文内
弐貫五百二十文雑用
此内御供九膳下行

十三日
卅七貫卅五文之内
弐貫弐百卅五文雑用
此内御供九膳下行

十四日
卅壱貫七百廿三文内
壱貫七百廿三文雑用
此内御供九膳下行
又ノツト両度分三貫文下行

（裏表紙）
「大まん所弁物」

八三　祇園社執行顕宥支状案

「(端裏書)二問支状案　　嘉吉三　六　四」

二問

祇園社執行顕宥謹支言上

左方右方ノ神主各年ニ諸神人ヲ相副エ馬上ヲ差ス

一、於少将井神主職幷差符等之証文者、何通可有所持者歟、雖然不拘馬上功程料足之支証者也、其謂、左方右方之神主各年仁相副諸神人差馬上事者、社家之使也、然就神主差符職掠賜条、以外之妄惑也、所詮百五十貫文自往古有知行之支証者被召出、其支証堅預御糺明哉、

一、執行顕宥者、自馬上始以来二百八十七年帯支証、不接他人致奉行、諸神人仁指配(ママ)仕、其請取明白也、故左右之神主○亦当社家指配(ママ)、鋒(鉾)之懸料参貫文也、請取在之、何百五十貫文於令知行者、有彼請取哉、

去々年禅住始メテ神主差符職ヲ掠メ賜ウ

一、去々○年禅住始掠賜刻、被棄捐執行証文之由申上条、奇代之謀略歟、於顕宥者更不存知仕者也、重同篇之義申上者、蒙○御許以神祭可明者也、

一、延文頭人請文之事、於功程料足社家知行之支証者、不可過之歟、其謂、彼料足

就納社家之請文也、仍他人之処ニ不可有之、
右之条々者禅住無由緒事於混神主差符等、構謀略掠賜条、神慮難量、所詮百五十貫文如古被返下、指(ママ)配諸神人仕、為発(ママ)愁訴、粗謹言上如件、

嘉吉三年六月　日

八四　祇園社執行顕宥申状案

（端裏書）
「此正文飯尾肥前方（為種）へ遣之　文安弐年五月四日」

祇園社執行顕宥重謹言上

五月五日御節句ハ往古ヨリ小綱一職トシテ沙汰ス

紹慶、座主梶井ヲ掠メ申ス

右、当社毎年五月五日御節供之神事者、自往古為小綱一職致其沙汰之条、勿論也、仍自餘之月亦御神供之外、沙汰公用之条在之、爰民部小綱紹慶者、雖為社僧不居社辺之間、長日御祈禱之人数仁不加、如此得分之得時者出来、背往古之礼(ママ)、乱一社之法、剰背　公方様御判御教書旨之条、罪科難遁者乎、其謂者、当月番仕之公用、彼等傍輩皆不背其法、致沙汰之処、限紹慶一人、去々年始及違乱、雖掠申座主梶井殿、顕宥以支証理運之趣申披之間、被聞食披訖、且曰　御判、曰彼等請

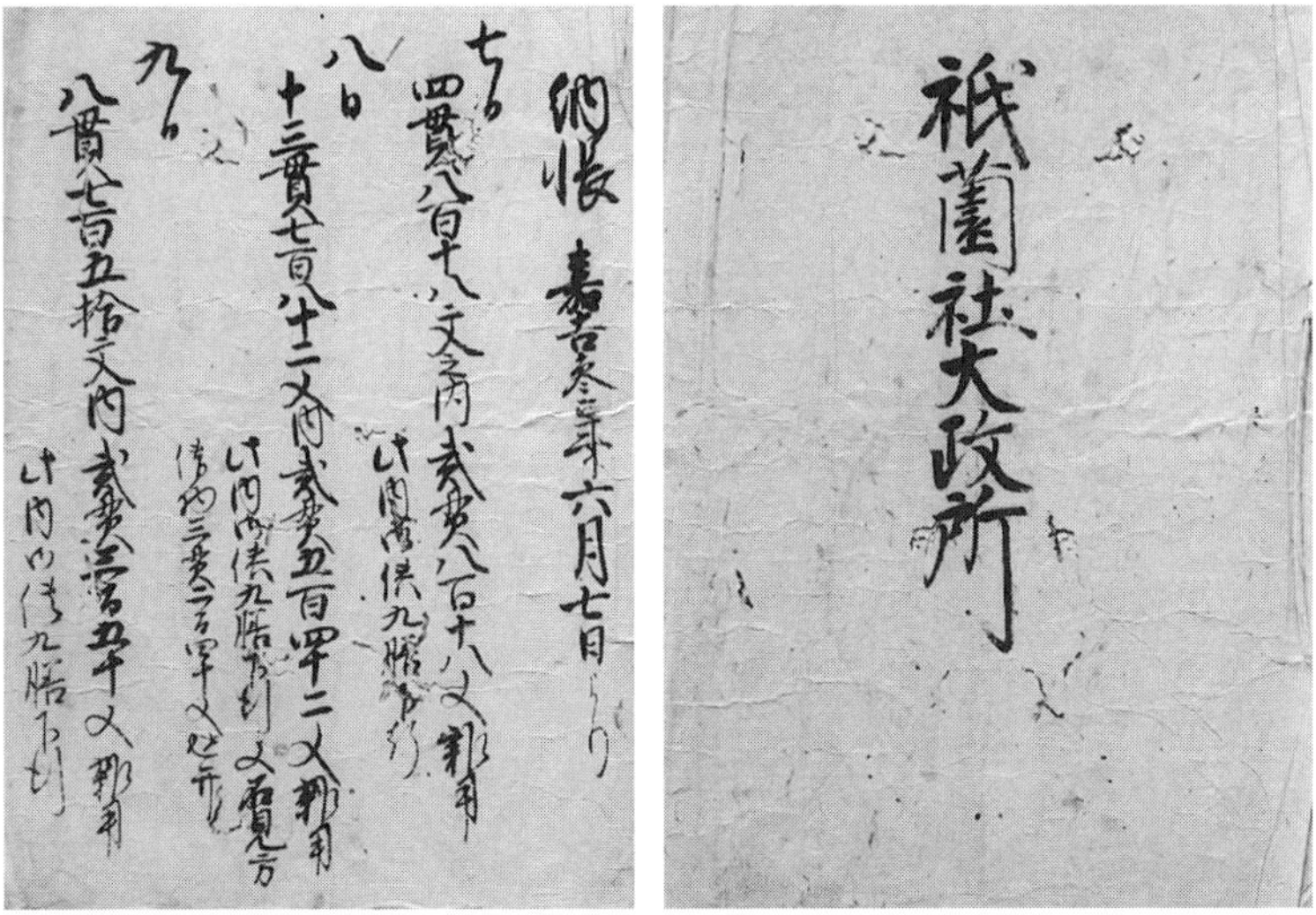

八二　祇園社大政所納帳

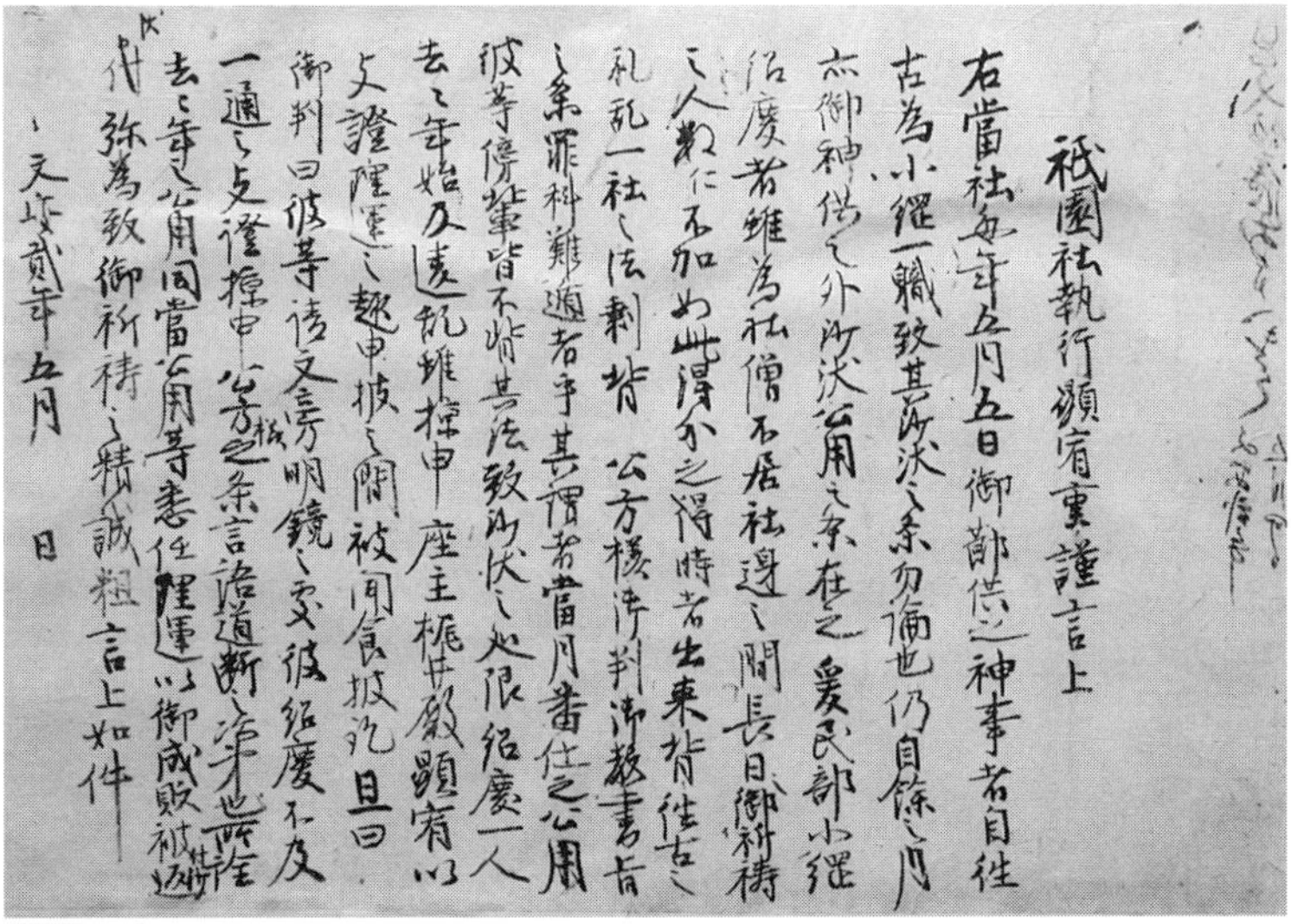

八四　祇園社執行顕宥申状案

文、旁明鏡之處、彼紹慶不及一通之支証、掠申公方様之条、言語道断之次第也、所詮去々年之公用、同当公用等悉任理運、以御成敗被返付、弥為致御祈禱之精誠、粗言上如件、

文安弐年五月　日

徳政ヲ企テル土一揆等ニ同心スベカラズ

八五　室町幕府奉行人連署奉書（折紙）

近所土一揆等企徳政云々、於当所地下人幷被官人以下令同心者、堅可被處罪科之由候也、仍執達如件、

文安四
七月四日　　永祥（飯尾為種）（花押）
　　　　　　性通（飯尾貞連）（花押）
　　　　　　真妙（飯尾為行）（花押）

祇園執行御房

縫賃

染賃

八六　神輿造替料足算用状断簡（切紙）

○前闕ク、

合参拾七貫八百五十文

右為祇園社［　　］［　　］之状如件、

文安四年［　　］日　顕宥［　　］（花押カ）

［　　］□（き）れ十一［　　］　代二十四貫七百五十文

ぬいちん（縫賃）　おろ□まて　一疋分二貫二百五十文則（ママ）

壱貫五百文

ねりはりのちん　三百五十文

そめちん（染賃）　八百文

以上□（弐）拾七貫四百文

成安保大炊職

八七　幸千代丸請文案

□社領近江国成安保大炊職之事□之屋敷幸乗跡、如元幸千代丸被
仰付処也、然上者、雖何時、不法緩怠之儀在之者可被召候、其時不可及異儀候、仍
請文之状如件、

宝徳三年五月十九日　　幸千代丸

池田伊賀守御中

御輿ノ幕

八八　縫物屋与三神輿御幕請取状

うけとり申御こし（輿）の御まく（幕）

合六たん二しや（社）の□

（同）□御つな三たん三しや（社）の□

以上、拾たんうけとり（請取）申状如件、

宝徳三年五月廿五日　　ぬい物屋与三（花押）

八九　室町幕府奉行人連署奉書案（折紙）

祇園社宮仕阿王女申、末社蘇民将来社棚守事、早可被明申由候也、仍執達如件、

宝徳四
四月八日

（飯尾）貞運在判
（飯尾）為規在判

祇園執行御房

（奥書）
「蘇民将来事ニ付御奉書案文」

蘇民将来社
棚守

九〇　大黒坊秀慶申文案

大黒坊秀慶申

右、子細者、播磨国広峯下司長行当知行社得分事、去六月当社同官者殿社常燈料所代々証文沽却状於相副永代沽却、得分弐百六十貫文ニ申定、則百六十貫文者、於京都請取訖、相残分者、十月中於国可請取契約之段勿論也、於子々孫々

広峯下司長
行
官者殿社常
燈料所

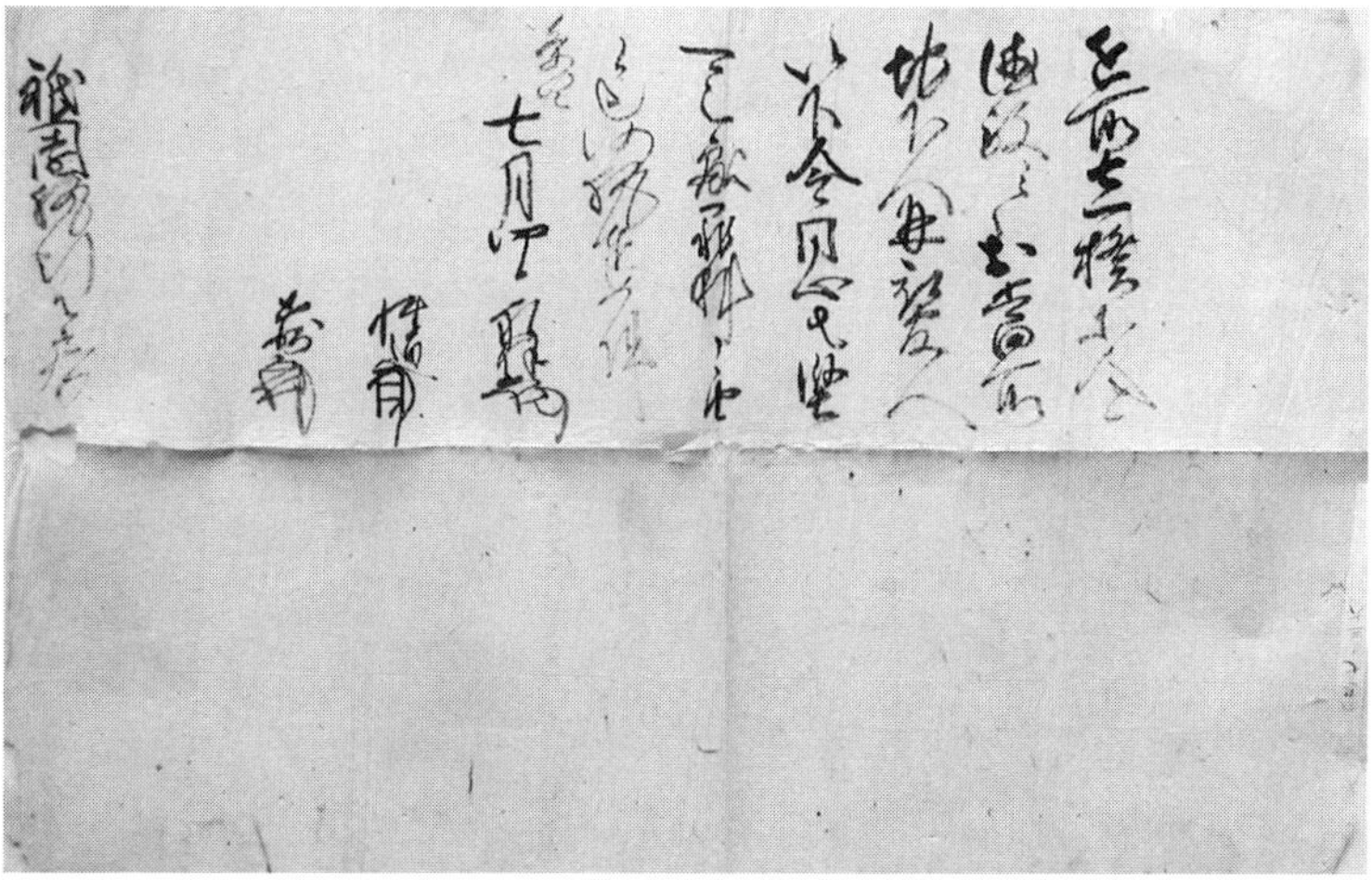

八五　室町幕府奉行人連署奉書

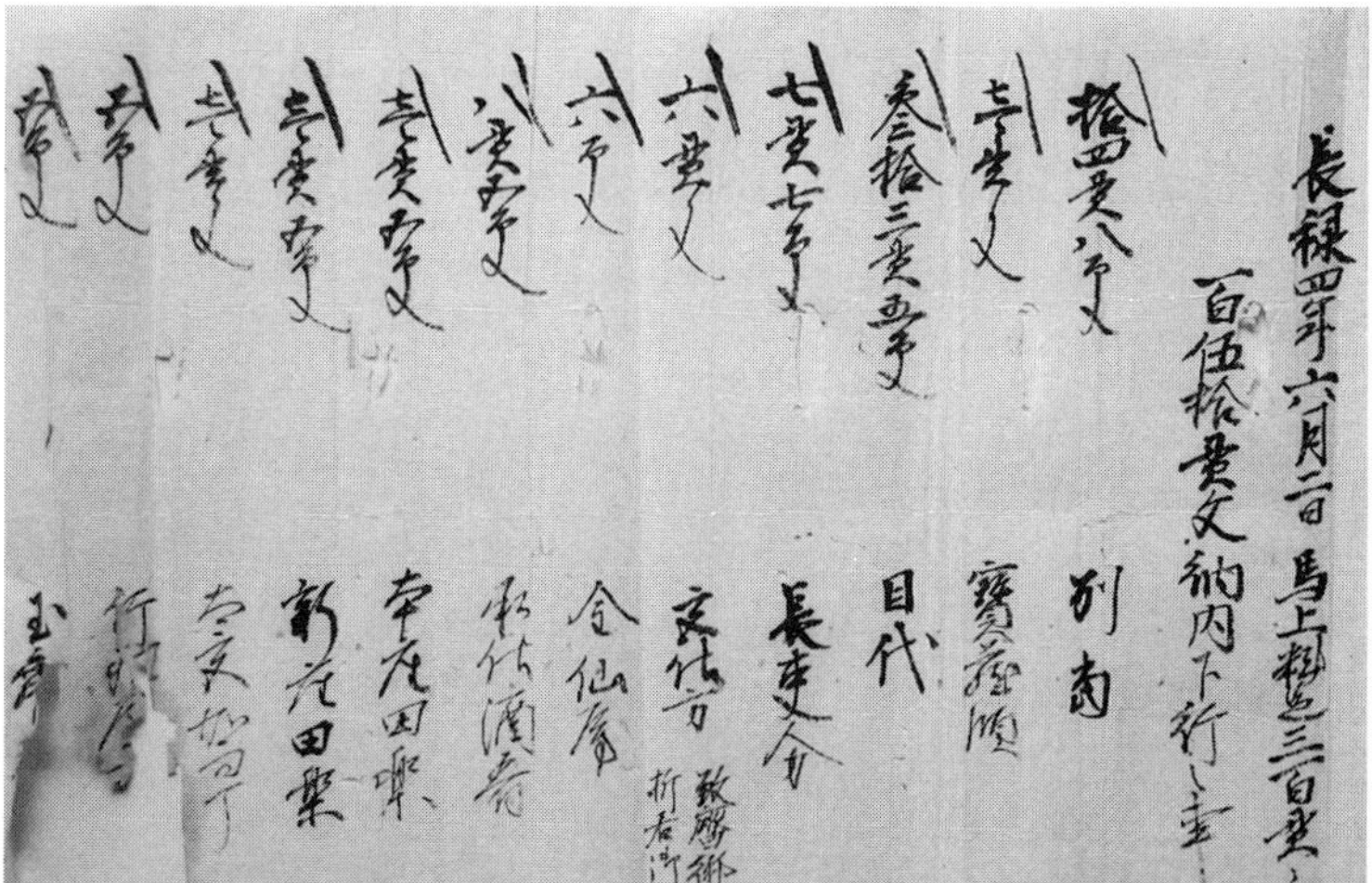

九三　馬上料足算用状

祇園十三所
広峯六所

末代兎角申仁候者、　公方為御成敗可被処罪科、此上ニ緩怠儀存者、日本国中仏神、殊者祇園十三所、広峯六所権現御罰可蒙之由、乍罰文仕、今度徳政ニ力付、以本銭可買返之旨申云々、神慮不恐、不憚　公儀上者、堅預御成敗、十一月八日ヨリ常燈可有之、為預急々御下知、恐々言上如件、

享徳三年十月　日

安養坊分一
徳政ニ従ワズ

九一　室町幕府奉行人連署奉書（折紙）

先度任徳政之大法、収納分壱対奉書之処、安養令拘惜借書云々、為事実者、太不可然、所詮於以後捧彼状雖致催促、不可致許容之上者、宜致存知之由候也、仍執達如件、

康正弐
十月十一日

（清）
貞秀（花押）
（松田）
秀興（花押）

祇園執行

○端ニ×印（抹削ノ印カ）アリ、

祇園社駕輿丁等蛤課役ヲ違乱スル者ヲ訴エル

九二　室町幕府奉行人連署奉書（折紙）

祇園社駕輿丁等申蛤課役事、於六角町畳屋六郎左衛門男及違乱云々、所詮近日可被糺明之上者、先可遂神事無為節之旨、可被相触之由候也、仍執達如件、

康正三
六月六日　　　　為数（飯尾）（花押）
　　　　　　　　貞基（布施）（花押）

当社執行御房

九三　馬上料足算用状

長禄四年六月二日　馬上料足三百貫之内

百伍拾貫文納内下行之事

拾四貫八百文　別当

壱貫文　宝蔵預

本座田楽
新座田楽

参拾三貫五百文　目代
七貫七百文　長吏分
六貫文　宮仕方　致斎御榊、同折居御神供、
六百文　金仙房
八貫五百文　承仕酒肴
壱貫五百文　本座田楽
壱貫五百文　新座田楽
壱貫文　太(大)宮加与(駕輿)丁
五百文　片羽屋
五百文　玉(王)舞
四貫文　乗尻
三百文　御正躰三面
弐貫文　寮公人
弐貫文　御立神楽
弐貫文　此内壱貫文御儀(棧)敷用途立用、　獅子舞

三貫三百文　所司役分
伍貫文　乳人
四百文　寮櫃四合
三貫文　一公文参河法橋長講三人
壱貫四百文　二公文伊賀法橋
壱貫文　三公文
弐百五十文　総
三百文三旬長講分也、　長講三人分
四貫文　宮仕酒肴
弐貫五百文　宮仕御注連上
参貫文　上使

九四　辻坊縁賀書状

（端裏書）
「闕所検断注進状案文」

境内闕所ノ検断ハ往古ヨリ社家目代ノ沙汰

祇園社境内闕所検断之事、自往古為社家目代被致其沙汰者也、仍註進之申状如件、

寛正二年十月十四日　辻坊縁賀（花押）在判（ママ）

御奉行所

此正文飯尾左衛門（之種）大夫殿遣之、一社各々注進状如此、奏者飯尾孫左衛門殿

九五　別当分馬上料足請取状（竪切紙）

十四貫八百文

請取　馬上料足之事

合拾四貫八百文者但別当御分也、

右、任例所請取状如件、

寛正参年十二月二日　別当代慶春（花押）

九六　目代分馬上料足請取状（竪切紙）

請取　馬上料足事

　合参拾参貫五百文者

　　目代分也、

右、任例所請取状如件、

　寛正参年十二月二日　　　　　慶春《目代々》（花押）

三十三貫五百文

九七　宝蔵預分馬上料足請取状（竪切紙）

請取　宝蔵料之事

　合壱貫文者

右、任例所請取申状如件、

　寛正三年十二月二日　　　　　慶春《社代》（花押）

一貫文

三貫文

一貫四百文

九八　一公文鉼分馬上料足請取状（竪切紙）

（端裏書）「三貫文　一公文」

請取　馬上料足事

合参貫文者

右、為一公文御鉼料足、所請取如件、

寛正三年十二月二日

公文所
法眼快存（花押）

九九　二公文鉼分馬上料足請取状（竪切紙）

（端裏書）「一貫四百文　二公文」

請取　馬上料足之事

合壱貫肆百文者

右、所二之公文御鉼料請取如件、

寛正三年十二月二日　　二之公文縁賀法橋（花押）

一〇〇　三公文鉾分馬上料足請取状（竪切紙）

（端裏書）「一貫文　三公文」

請取　馬上料足之事

　合壱貫文者

右、為三公文御鉾料足、所請取如件、

　寛正三年十二月二日　　春賢（花押）

一〇一　十三本鉾懸物分馬上料足請取状（竪切紙）

（端裏書）「六百文　ほく（鉾）」

請取申十三本ほくのかけ料足事

　合六百文ハ

一貫文

春賢

六百文

新斎

十貫文

右、所請取申如件、

寛正三年十二月二日　　新斎（花押）

一〇二　下居神供分馬上料足請取状（竪切紙）

「（端裏書）五（ママ）貫文　折（下）居」

請取申　御入（ママ）御こくの事

合拾貫文者

右、請取所申如件、

寛正三年十二月二日

二番上（花押）

兄かうへ（花押）

三番上（花押）

一〇三　乗尻分馬上料足請取状（竪切紙）

「（端裏書）四貫文　のりしり」

四貫文

請取申　馬上料足之事
　合肆貫文者
右、のりしり（乗尻）の分、所請取申之状如件、
　寛正参年十二月二日
　　　　　　観祐（花押）

一〇四　専当分馬上料足請取状（竪切紙）

八貫五百文

（端裏書）「八貫五百文　専当分」
請取　料足事
　合八貫五百文者
右、為専当分、所請取如件、
　寛正三年壬午十二月二日
　　　　　　観祐（花押）

二貫五百文

一〇五　注連上分馬上料足請取状（竪切紙）

「（端裏書）二貫五百文　このかうへ（兄部）　二　三」
請取申　御しめあけ（注連上）料足事
　合弐貫五百文ハ
右、所請取申如件、
　寛正三年十二月二日
兄かうへ（花押）
二番上（花押）
三番上（花押）

二貫文

一〇六　獅子舞分馬上料足請取状（竪切紙）

「（端裏書）二貫文　獅子舞」
請取申　馬上料足之事
　合弐貫文者
右、獅子まいの分、所請取申状如件、

三貫三百文

慶舜

二貫文

寛正参年十二月二日　観祐（花押）

一〇七　所司役分馬上料足請取状（竪切紙）

（端裏書）「三貫三百文　しよ（所）司」

請取　初（所）司役馬上銭之事

合参貫三百文者

右、所請取如件、

寛正三年十二月二日　慶舜（花押）

一〇八　御立神楽分馬上料足請取状（竪切紙）

（端裏書）「二貫文　御立神楽」

請取申　馬上料足之事

合弐貫文者

一貫五百文

本座

右、立かくら（神楽）の分、所請取申□

寛正参年十二月二日

□

一〇九　本座田楽分馬上料足請取状（竪切紙）

（端裏書）
「一貫五百文　本田楽」

馬姓（上）銭之御料足事

合壱貫五百文者

右、請取申所如件、

寛正三年十二月二日

本座（花押）

一一〇　新座田楽分馬上料足請取状（竪切紙）

（端裏書）
「一貫五百文　新田楽」

馬姓（上）銭之御料足事

一貫五百文
新座

二貫文

合壱貫五百文者
右、請取申（所脱カ）如件、
寛正三年十二月二日　　新座（花押）

一一一　寮公人分馬上料足請取状（竪切紙）

（端裏書）
「二貫文　れうの公文（人）」
請取申　馬上料足之事
合弐貫文者
右、れうの公人分、所請取申状如件、
寛正三年十二月二日　　観祐（花押）

一一二　寮櫃分馬上料足請取状（竪切紙）

（端裏書）
「四百文　れうのひつ」

四百文

一貫文

実祐

請取申　馬上料足之事

合四百文者

右、れう（寮）のひつ（櫃）の分、所請取申状如件、

寛正三年十二月二日

観祐（花押）

一一三　大宮駕輿丁分馬上料足請取状（竪切紙）

（端裏書）「一貫文　大宮かよ丁」

請取申大宮かゐちやう（駕輿丁）料足事

合壱貫文ハ

右、所請取申如件、

寛正三年十二月二日

実祐（花押）

五百文

観祐

三百文

一一四　王舞分馬上料足請取状（竪切紙）

（端裏書）
「五百文　王のまい」

請取申　馬上料足之事

合五百文者

右、王のまい（舞）の分、所請取申状如件、

寛正三年十二月二日

観祐（花押）

一一五　長講分馬上料足請取状（竪切紙）

（端裏書）
「三百文　長講」

請取　馬上料足事

合参百文者

右、所請取如件、

寛正三年十二月二日

法眼〔公文所〕快存（花押）

三百文

五貫文

一一六　御正躰分馬上料足請取状（竪切紙）

（端裏書）「三百文　御正代（躰）」

請取申　馬上料足之事

合三百文者

右、御しやう代（正躰）の分、所請取申之状如件、

寛正参年十二月二日　観祐（花押）

一一七　乳人分馬上料足請取状（竪切紙）

（端裏書）「五貫文　めの人」

請取申　馬上料足之事

合伍貫文者

右、御めのとの分、所請取申之状如件、

三貫文

池田縁親

五百文

寛正三年十二月二日　　観祐（花押）

一一八　上使分馬上料足請取状（竪切紙）

（端裏書）「三貫文　上使」

請取　料足事

合参貫文者

右、為馬上之使、所請取如件、

寛正三年十二月二日　　縁親《池田》（花押）

一一九　片羽屋男神子分馬上料足請取状（竪切紙）

（端裏書）「□百文　片羽屋」

うけとり申馬上銭之事

合五百文

盛貞

右、納所如件、

寛正参年十二月二日

片羽屋男神子中宮大夫盛貞（花押）

一二〇　神輿飾注文

大宮　卯鳥　御かゝみ一めん

御剣

八大王子　宝寰　御鏡二めん

少将井　卯鳥　御剣

以上

寛正三 十二月三日寅時

天下一同ノ徳政ニテモコノ料足ハ糺返アルベシ

一二一　顕宥料足借状

（端裏書）
「社家御借状十四内（花押）」

借請　料足事

合肆貫五百文者

右、件用途者、毎月貫別仁四十文宛加利分可有返弁候、若無沙汰候者、以豊前法橋奉行之在所、本利共可有返弁候、殊更御神用之間、雖（ママ）縦為天下一同之御徳政、於此料足者可有糺返弁者也、仍為後証之亀鏡借状如件、

寛正四癸未閏六月廿五日　　顕宥（花押）

○奥ノ裏ニ継目花押アリ、

一二二　室町幕府政所執事署判奉書　（祇園社記一八）

祇園社御神馬三疋鴇毛、河原毛、黒、可引進之由所被仰下也、仍執達如件、

寛正四年十二月卅日　　伊勢守（伊勢貞親）（花押）

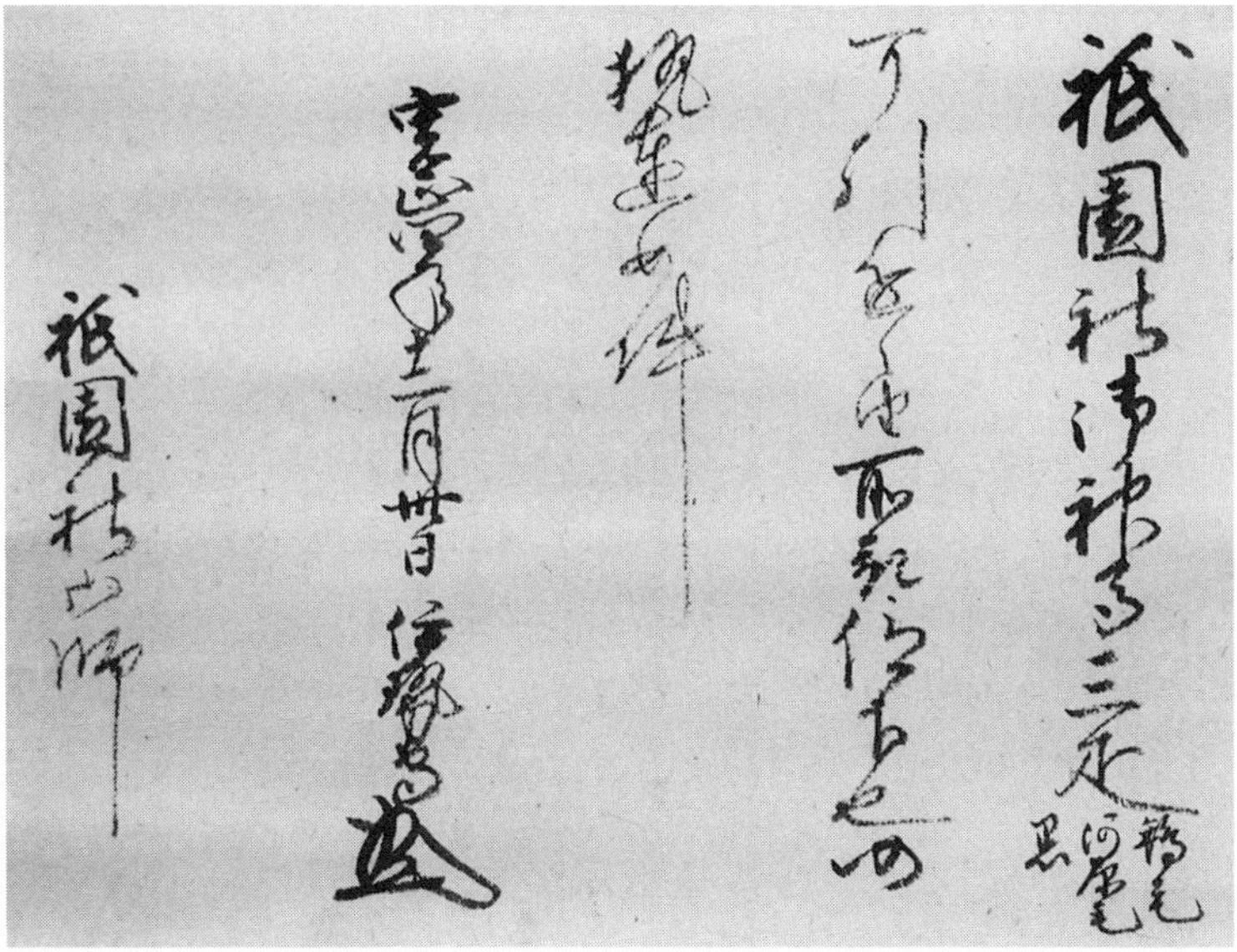

一三三　室町幕府政所執事署判奉書

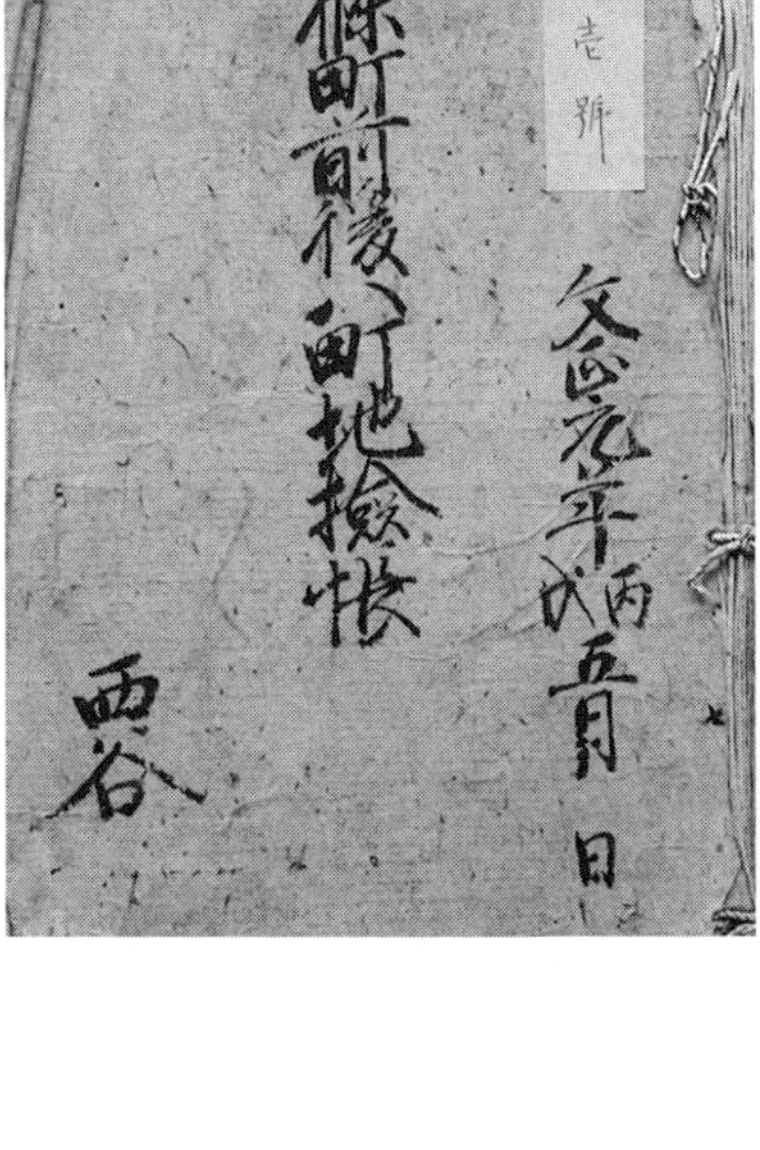

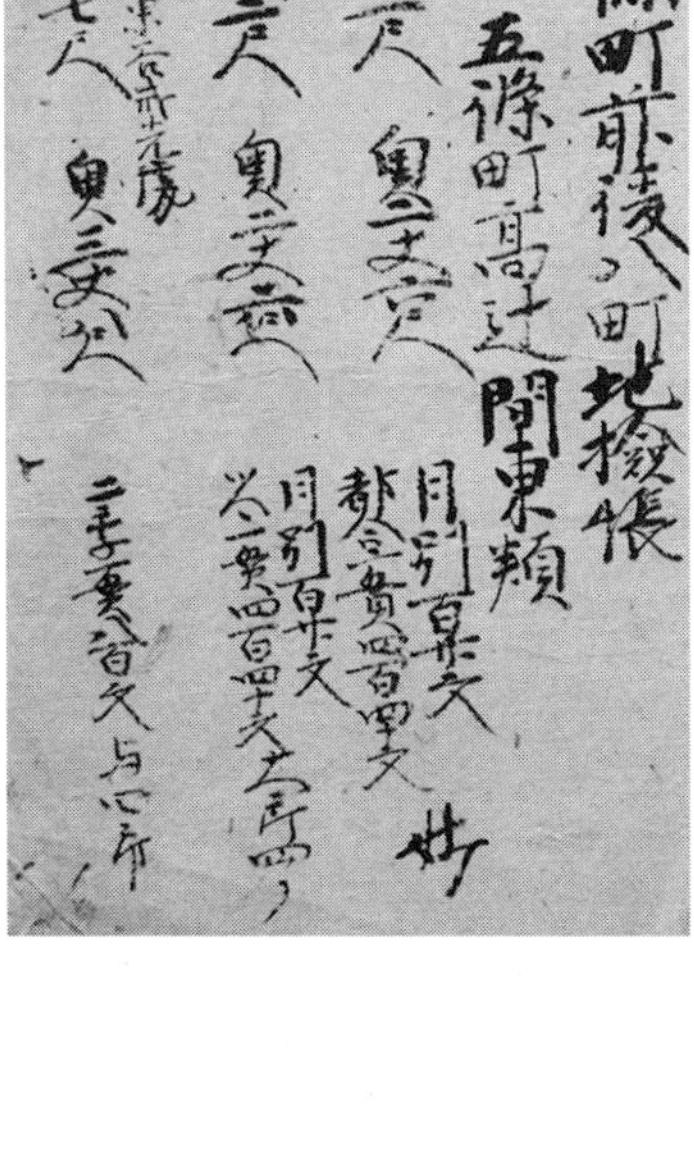

一三四　五條町前後八町地検帳

祇園社御師

一二三　獅子舞分馬上料足請取状（切紙）

（端裏書）「二貫文　しゝまい」

請取　馬上銭事

合弐貫文者

二貫文

右、為獅子舞料足、所請取之状如件、

寛正六年六月二日　観祐（花押）

一二四　五條町前後八町地検帳（冊子）

（表紙）「文正元年丙戌五月　日

五條町前後八町地検帳

西谷」

五條町前後八町

五條町前後八町地検帳

一 五條町高辻間東頬

口一丈二尺　奥二丈六尺　月別百廿文 都合一貫四百四十文　妙

口一丈二尺　奥二丈六尺　月別百廿文 ツ合一貫四百四十文　大郎四郎

先主本院東谷戒光院房

口一丈七尺　奥三丈八尺　二季一貫八百文　与四郎

口一丈七尺　奥四丈五尺　月別百七十文 ツ合二貫四十文　大山崎 三郎次郎

口一丈五尺　奥十丈　四季四百十二文宛 ツ合一貫六百四十八文　伊藤 与三さ衛門

口一丈六尺　奥九丈　二季二貫文　大工 次郎五郎

口一丈五尺五寸　奥十二丈六尺　月別二百文 ツ合二貫文　銀屋 大山崎 兵衛次郎

六十文月別五條町面ノマト屋ヨリ出也、

以上七百四十一文

口四丈一尺　奥　二季六貫文（二百）　豊後屋

口四丈　奥　二季一貫文　同人

口一丈六尺　奥十丈　月別二百文 ツ合二貫四百文　井筒屋

口	奥	地子	名
	奥地	二季三百文	同人
	奥畠	月別百卅文 ツ合一貫五百六十文	但荒
口二丈七尺	奥廿丈	月別四百五十文 ツ合五貫四百文	クミ屋
当口六丈六尺五寸	奥	月別九百廿五文 ツ合十一貫百文	ツクシ屋
口二丈二尺	奥	月別二百文 ツ合二貫四百文	弥さ衛門《クスリヤ》
当口九尺	奥	月別百文 ツ合一貫二百文	兵衛四郎
当口一丈九尺	奥	月別二百文 ツ合二貫四百文	米屋
口一丈五尺	奥八丈	二季二貫文	太郎次郎
口二丈三尺	奥八丈	月別百十六文 ツ合一貫四百文	紙屋
口一丈七尺	奥十丈	二季二貫文	クスリ屋
口二丈一尺	奥十丈	月別二百文 ツ合二貫四百文	コンニヤク屋
当口一丈二尺	奥十丈	月別百五十文 ツ合一貫八百文	岡本茶屋
当口九尺	奥十丈	月別百文 ツ合一貫二百文	幸茶屋

已上屋数廿一間

（五十七貫八百七十五文）

五十九貫弐百五十四文内

四十一貫五百五十四文　今度安堵分

屋数二十一間二百五十四文五十九貫

十七貫七百文　　本知行分

二 高辻面南頰　町室町間

実乗坊 口四丈一尺　奥十七丈　月別五百十文、此内四十二文クタ物加定、
ツ合六貫七百八十文　コンニヤク屋

同 口二丈三尺　奥十七丈　月別百七十五文
ツ合二貫文　同人

当 口一丈八尺　奥十七丈　二季一貫百五十文　朱屋

当 口一丈九尺　奥十七丈　月別百卅七文
ツ合一貫六百四十四文　カイ屋

当 口一丈五尺　奥十七丈　月別七十七文
ツ合九百廿四文　丁物屋

当 口二丈一尺　奥十丈　二季一貫百七十七文　小袖屋

口一丈三尺　奥十丈　月別七十四文
ツ合八百八十八文　四郎三郎

口一丈九尺　奥十丈　月別百十文
ツ合一貫四百文　針屋

南尾 口一丈三尺　奥七丈　月別六十文
ツ合七百廿文　コゥ屋

同 口一丈　奥七丈　月別五十文
ツ合六百文　三郎次郎

同 口一丈　奥七丈　月別五十文
ツ合六百文　小次郎

口二丈　　　奥七丈　　室町セト分也、
　　　　　　　　　　　玉屋ノ請口内也、

已上屋数十二間十七貫八百十七文内

十二貫九百十二文　今度安堵分

四貫八百九十五文　本知行分

町面西頬高辻五条間
屋数十二間
十七貫八百
十七文

三町面西頬高辻五条間

円満寺
口九尺　　　奥六丈　　　月別八十文
　　　　　　　　　　　　以上九百六十文

口一丈三尺　奥八丈　　　月別二百廿文
正教房　　　　　　　　　以上二貫六百四十文

口一丈九尺五寸　奥八丈　月別百十二文此外廿七文正教へ出之、
福寿庵　　　　　　　　　以上一貫五百八十四文

口四丈六尺　奥八丈　　　月別二百七十文
　　　　　　　　　　　　以上三貫二百四十文

口一丈　　　奥十丈　　　月別七十文
勢州被官人　　　　　　　以上八百四十文

口一丈二尺　奥八丈　　　月別七十文
　　　　　　　　　　　　以上八百四十文

口一丈　　　奥八丈　　　月別六十文
正教房　　　　　　　　　以上七百十六文

口二丈七尺　奥八丈　　　月別百四十六文
　　　　　　　　　　　　以上一貫七百五十二文

口一丈六尺　奥九丈　　　月別百十六文正月与壬月除之、
　　　　　　　　　　　　以上一貫五百文

　　　　　　　　　　　　月別三百六十四文
　　　　　　　　　　　　以上四貫三百六十八文

　　　　　　　　　　　　月別二百文
　　　　　　　　　　　　以上二貫四百文

五郎

四郎五郎

薄屋

南ノ薄屋

次郎四郎

五郎次郎

藤次郎

朱屋

紙屋
左衛門三郎

護国寺 口三丈三尺　奥十五丈　二季四貫文　針屋
此内一丈三尺、月別百七十文、以上一貫八百七十文
正月与壬月除之、
護国寺 口一丈四尺　奥十五丈　二季三貫文　衛門《ヲヒヤ》五郎
同 口一丈五尺　奥十五丈　二季三貫二百文　九郎次郎
口一丈四尺五寸　奥十五丈　四季一貫八百廿文　道浄
藤岡 口三丈三尺　奥十丈　四季五貫九百文　足駄屋
又奥畠分　二季八百八十四文　同人
口一丈一尺　奥五丈　四季一貫二百文　太郎五郎
口一丈四尺　奥八丈　月別百廿八（ママ）文　以上一貫六百八十文　衛門五郎
先 口二丈四尺　月別二百廿文　以上二貫六百四十文　朱屋
同 口一丈七尺　奥　月別二百廿文　以上二貫六百四十文　櫛屋
同 口七尺　月別六十文　以上七百廿文　唐物屋
同 口一丈七尺　月別百五十文　以上一貫八百文　エホシヤ
口一丈六尺　二季一貫二百八十文　太郎兵衛

已上屋数廿一間五十四貫二百卅一文

間五十四貫二百三十一文

五条町室町門北頰

四十三貫七百八十八文　今度安堵分

七貫八百文　本知行分

「（異筆）応仁参己丑三月卅日聞出分也、

口　二季壱貫五百文　道正か北

三けんめのせと」

四

五条町室町間北頰

口一丈三尺　奥七丈　二季九百文　東角茶屋

口一丈七尺　奥八丈　二季二貫三百文　新屋

口二丈三尺　奥八丈五尺　二季三貫七十文　ナルミ屋

口二丈　奥七丈　二季一貫三百廿七文　鎰屋左衛門次郎

東寺口二丈八尺　奥十丈　二季一貫七百卅二文　ケヤ

「口一丈四尺　奥十丈　月別百文ッ合一貫二百文　同人

同口一丈四尺五寸　奥十丈　二季一貫二百七十六文　扇屋

同口一丈二尺　奥十丈　二季一貫六十六文　花屋

泉涌寺 口二丈三尺　奥十二丈　二季二貫四百十二文　借金屋

同 口一丈四尺　奥十二丈　二季一貫文　与次郎

今クマノ 口一丈五尺　奥十二丈　二季一貫五百文　薬屋

先 口一丈一尺　奥十二丈　二季一貫八十文　筆屋

同 口一丈一尺　奥十丈　月別百文　都合一貫二百文　豆屋

相国寺 口一丈九尺五寸　奥十二丈　四季一貫九百五十文　一季分四百九十文ッ、　スチ屋

同 口一丈一尺五寸　奥十丈　四季一貫二百文　一季分三百文ッ、　又奥畠分二季六百文　マト屋

同先 口四丈二尺五寸　奥八丈　二季三貫八百文　栗屋

口一丈五寸　奥十丈　月別百四十文　ッ合一貫六百八十文　妙　サウメン屋大山崎

口一丈二尺　奥十丈　月別百文　ッ合一貫二百文　大山崎 かミ屋

口一丈　月別六十文　都合七百二十文　大山崎 ヌシ屋　常宗金

先 口二丈　月別九十六文　ッ合一貫百五十二文　ヌツヾミ屋

同 口二丈五尺　月別百卅文　ッ合一貫五百六十文　鳥屋

已上屋数廿一間三十三貫九百四十二文

二十四貫五百四十二文　今度安堵分
八貫七百九十五文　本知行分

五　西洞院面東頰高辻五条間

一所 荒

極楽寺	口一丈一尺	奥六丈	二季二百文	介
同	口九尺	奥六丈	二季二百廿文	ノリヤ
同	口七尺	奥六丈	二季二百廿文	ナケ方
同	口七尺	奥六丈	二季二百廿文	又次郎
同	口七尺	奥六丈	二季二百廿文	丁へ
同	口一丈	奥六丈	二季三百五十四文	次郎
同	口一丈一尺	奥六丈	二季三百六十八文	弥三郎
同	口一丈	奥六丈	二季三百六十八文	弥五郎
同	口一丈	奥六丈	二季三百六十八文	太郎三郎
同	口一丈	奥六丈	二季三百六十八文	五郎次郎

同口一丈	奥十丈	二季五百文	左近太郎
同口九尺	奥十丈	二季四百五十文	衛門太郎
同口一丈	奥十丈	二季五百文	三郎次郎
当口二丈	奥十丈	二季一貫文	次郎五郎
同口	奥十丈	二季八百文	袋屋
同口	奥十丈	二季八百文	入ツミ屋
同口一丈	奥六丈	二季四百文	法泉房六郎
口四尺		二季七百文	高月庵
口一丈	奥六丈	二季四百文	太郎五郎
口一丈	奥六丈	二季四百文	兵衛五郎
口一丈		二季四百文	太郎次郎
口一丈	奥六丈	二季四百文	五郎三郎
北尾尊林房口二丈	奥九丈	二季六百五十丈	法泉房
同口一丈一尺	奥九丈	二季七百文	同人
同口一丈一尺	奥九丈	二季七百文	絵所

屋数三十一間十三貫七百五十五文

五條室町西頬

（同）口一丈一尺　奥八丈　二季四百卅文　左衛門太郎

（同）口一丈一尺　奥八丈　二季四百卅文　十郎

（同）口一丈一尺　奥八丈　二季四百卅文　三郎次郎

口一丈　奥一丈九尺五寸　二季二百文　孫次郎

口二丈七尺　奥一丈九尺五寸　二季三百六十文　小次《ミせヤ》郎

口一丈五尺　奥一丈九尺五寸　二季二百文　太郎次郎

已上屋数卅一間十三貫七百五十五文

十貫六百五十五文　今度安堵分

二貫六百文　本知行分

「（異筆）応仁参己丑三月卅日聞出分也、地子員数可相尋也、

口　聖道《さんおき》」

五〈六〉條室町西頬

（南尾）口一丈一尺　奥七丈　月別六十文　都合七百廿文　サイカ

（同）口一丈八尺　奥十一丈　月別百四十文　都合壱貫六百八十文　玉屋

口同　一丈四尺	奥八丈五尺	月別百文 都合壱貫二百文	六郎
口一丈五尺	奥八丈五尺	月別百文 都合壱貫二百文	新左衛門
口一丈八尺	奥十三尺	都合壱貫二百文	コウ屋 四郎左衛門
瑞勝院 口一丈八尺	奥十三尺	二季二貫三百文	宗ハク屋金
口二丈	奥十三尺	二貫四百四十文	松光坊
口二丈	奥廿丈	二貫四百廿文	杉本方
口四丈二尺五寸	奥廿丈	二貫三百四十文	タチノ殿
同 口二丈四尺	奥廿丈	七貫六百七十四文	ミソ屋
同 口二丈六尺	奥廿丈	二季 弐貫文	
同 口二丈八尺	奥廿丈	月別四百文 都合四貫八百文	
三井寺 口一丈八尺	奥十八丈	二季 参貫文	妙金
口三丈三尺	奥十丈	二季 三貫四百文	南ノハク屋 太郎左衛門
口二丈三尺	奥八丈	二季 二貫四百文	コウ屋

屋数十三間
三十五貫八
十文

已上屋数拾参間参拾伍貫八十文　今度安堵之内
弐貫文

廿四貫五百四十五文　今度安堵分

八貫七百九十五文　本知行分

七　高辻面南頬　町西洞院間

（西来）せイライ寺	口一丈九尺	奥十丈	二季壱貫弐百八十文	丸方
同	口二丈一尺	奥十丈	二季一貫六百文	中将姫
同	口二丈五尺	奥十丈	二季弐貫文	カウライ屋
同	口一丈一尺六寸	奥十丈	二季八百文	ヲニシ方
	口一丈四尺五寸	奥十丈	二季一貫八十文	庵
	口一丈四尺	奥十丈	二季一貫廿文	弥次郎
	口一丈三尺	奥十丈	二季一貫廿文	庵
先知行	口一丈八尺	奥十丈	二季一貫三百四文	紺屋
同	口一丈三尺	奥十丈	二季八百五十文	アト女
同	口七丈一尺	奥十丈	二季三貫六百文	酒屋 津田方
同	口一丈六尺五寸		二季一貫百文	町ノせト 薄屋
同	口一丈三尺		二季七百文	同人
同	口一丈四尺		二季七百文	北ノ薄屋

屋数十三間　十七貫五十九文

五条面北頬　町西洞院

已上屋数十三間　十七貫五十九文
八貫八百六文　今度安堵分
八貫二百五十三文　本知行分

八 五條面北頬　町西洞院間

本能寺 口一丈六尺		二季一貫六百文	櫛屋
護正院 口一丈八尺五寸	奥六丈七尺	二季九百五十文	銀屋
口一丈	奥十丈	二季五百七十一文	同人
円頓房 口三丈三尺	奥八丈五尺	二季二貫卅四文	常眼房
口一丈一尺五寸	奥八丈五尺	二季四百文	七郎
北谷八夫 口一丈一尺	奥八丈	二季七百卅文	次郎五郎
先知行 口一丈六尺		月別八十文 已上九百六十文	銀屋 次郎
北谷八夫 口七尺	奥八丈	二季二百五十文	比江田《ヒヱタ》方
口一丈三尺	奥十丈	二季七百文	同人
持法院 口一丈	奥十丈	二季六百文	彦三郎

屋数二十二間十四貫二百七文

藤岡 口一丈 奥十丈 二季六百文 衛門三郎

同 口一丈二尺 奥十丈 二季七百廿文 原方

同 口一丈一尺 奥十丈 二季六百六十文 次郎

同 口一丈二尺 奥十丈 二季七百廿文 又次郎

口一丈五尺 野畠 奥十五丈 荒地也

口一丈 奥十丈 同

極楽寺 口一丈三尺 奥十丈 二季九百文 須藤方

同 口八尺 奥十丈 二季四百八十文 次郎九郎

同 口一丈 奥十丈 二季六百文 正現 玉屋

口九尺 奥五丈 二季二百九十文 次郎三郎

口九尺 奥五丈 二季三百文 源三郎

口一丈一尺 二季百廿文 藤七

已上屋数廿二間 十四貫二百七文

十四貫二百八文 今度安堵分

九百六十文 本知行分加之

本帳一本ハ千手堂文庫ニ納ム

一、此本帳一本在之、千手堂文庫納畢、

文正元年丙戌九月廿日　　奉行朝慶

顕宥祇園社社務執行諸職ヲ顕重ニ譲与ス

一二五　顕宥祇園社執行職譲状

（祇園社記　続録三）

譲状

祇園社　社務執行諸職所帯毎事奉行等之事、任代々　公方様御判幷先師譲状旨、所令譲与顕重実也、然間、社中之事幷社領等尽無相違可致知行者也、仍為後証譲状如件、

文正元年丙戌　　社務執行顕宥（花押）

権律師顕重

一二六　室町幕府奉行人連署奉書案

山門本院西谷雑掌申、祇園社執行職・御師職幷所帯等事、被返付顕重訖、早如

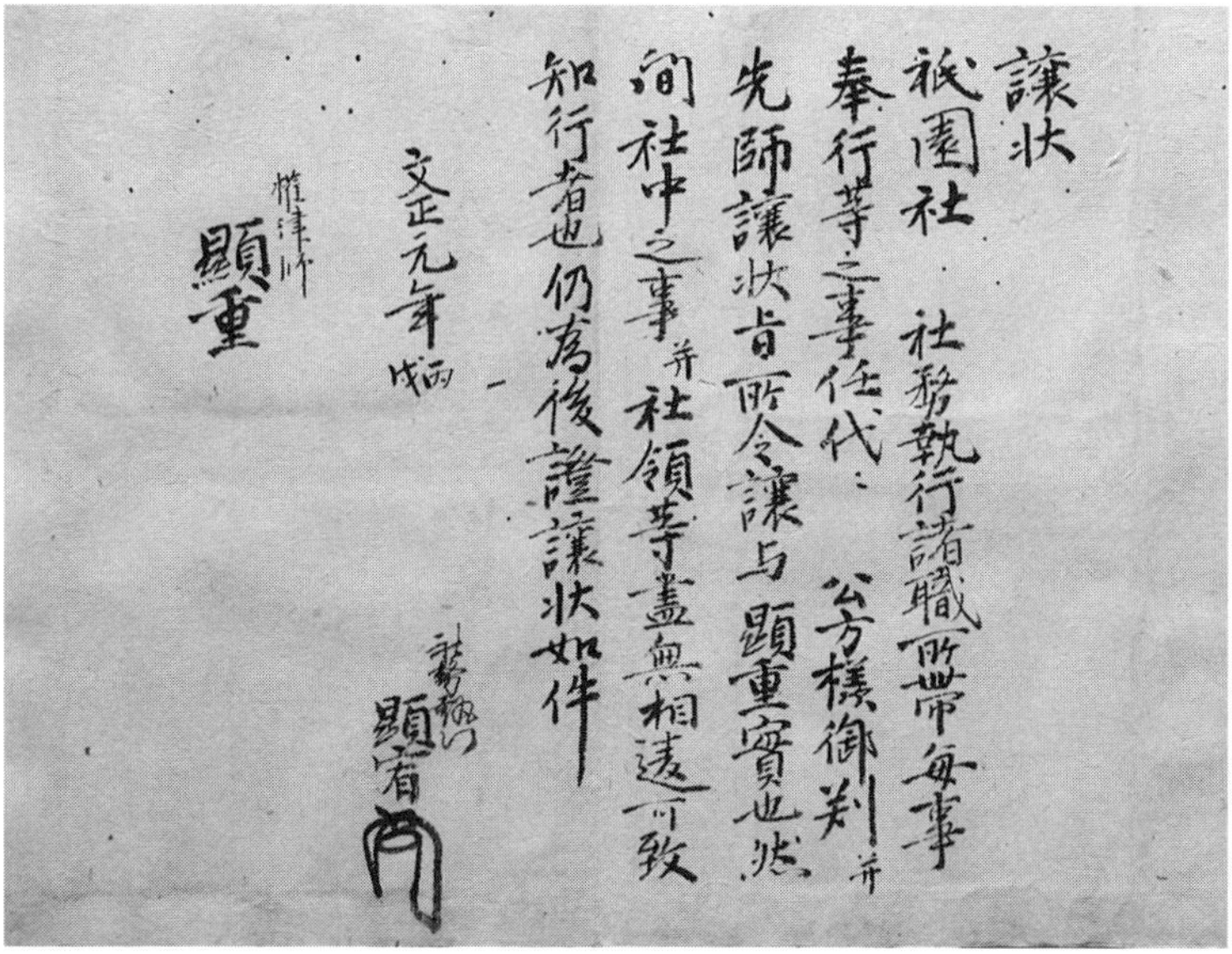
譲状
祇園社　社務執行諸職所帯毎事
奉行等之事任代々　公方様御判并
先師譲状旨所令譲与顕重實也然
間社中之事并社領等盡無相違可致
知行者也仍為後證譲状如件
文正元年丙戌
社務執行
顕宥（花押）
権律師
顕重

一二五　顕宥祇園社執行職譲状

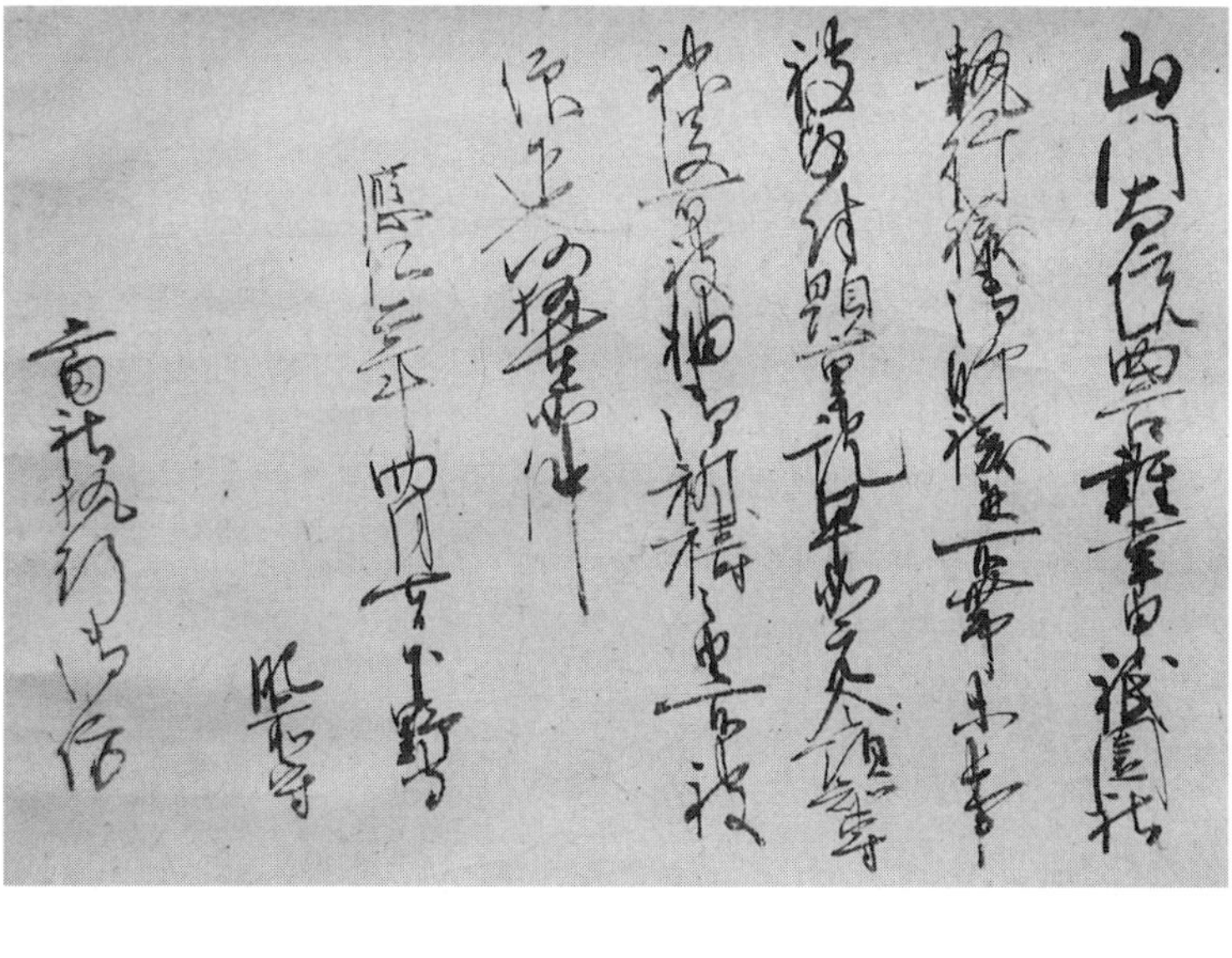

一二六　室町幕府奉行人連署奉書案

元令領知、専神役可被抽御祈禱之由所被仰下也、仍執達如件、

応仁二年四月七日

下野守（布施貞基）

肥前守（飯尾之種）

当社執行御坊

一二七　室町幕府奉行人連署奉書（折紙）

紀明ノタメ社頭参銭・社領等ノ所務ヲ中ニ置カシム

祇園前執行顕□（重）申執行職事、御糺明之上者、可置社頭参銭・同社領等所務於中之旨、被成奉書畢、可被存知之由被仰出候也、仍執達如件、

文明四

九月廿四日

英基（布施）（花押）

之種（飯尾）（花押）

当執行御房

社頭作事ニ山上大師御料所ノ本役ヲ十箇年寄進ス

一二八　氏名未詳大野郷寄進状案

（端裏書）
（案）
「安文」

寄進申　所領之内本役事

合号讃岐国西大野郷ト、彼本役分毎年拾貫文宛也、

右件本役者、祇薗料所也、然仁於当構社頭之作事、如形之就神事下行等不足迷惑之処、山上大師御本坊之以修理料内弐拾貫文分、被立要脚候間、甚以所謝候、就中為褒美之御綸旨物弐通、遵（尊氏）氏将軍様御判物壱通、同古（故カ）勘解由（斯波義将）小路殿御判物壱通、以上証文相副、山上大師御料所、当年自巳季来至寅歳テ拾箇年中之本役分寄進申者也、彼契約之年過候者、如元神社仁可被返付也、如此定置上者、於拾箇年之間者、雖為一事不可及是非子細者也、直。山上方可被納候、仍為後証寄進状如件、

文明伍年癸巳三月　日

一二九　五條町前後八町地検新帳（冊子）

「（表紙）
文明九年丁酉十二月十六日
五條町前後八町地検新帳
西谷
上使中」

五條町前後八町地検新帳
町面五條高辻間西頬南端ヨリ打之、

口五丈五尺　奥十丈　空地畠堀在之、
口一丈　奥十丈　妙
口一丈五寸　奥五丈四尺　左衛門《サウメンヤ》四郎
口一丈八尺　奥五丈四尺　同請口 空地社頭後ノ畠マテ、
口二丈　奥五丈　大八王子社頭
口二丈六尺小家二間在之、同主　奥十丈堀マテ　左衛門四郎

当屋数七間

高辻面町西洞院間南頬

西洞院面高辻五條間東頬

口一丈二尺五寸　奥十丈　二郎衛門

口十二丈一尺　奥廿丈二尺　中嶋五郎兵衛

口八丈五尺　奥廿丈　茶屋小太郎

口一丈五尺　奥一丁ニトヲル、高辻面南頬也、　空地畠

已上参拾八丈七尺五寸但、此内口二丈ハ社頭分、地子除之、

古帳面ハ卅七丈八尺ト見タリ云々、

当屋数　以上七間在之、

高辻面町西洞院間南頬

此一丁一円ニ空地也、但、畠ナリ、

西洞院面高辻五條間東頬

此一丁押通テ空地ナリ、但、畠ナリ、

此通り中程ニ小家三間在之、自面十丈計奥ニ在之、

口一丈七尺　奥十丈　左近五郎

口一丈四尺　奥十丈　彦三郎
口一丈五尺五寸　奥十丈　太郎三郎
已上三間　東面五郎兵衛家ノ後歟、
五條面西洞院町間北頬西端ヨリ打之、
口七丈九尺　奥一丁通ル、　空地畠
口一丈一尺　奥十六丈五尺　空地畠
口一丈四尺五寸　奥十六丈　クス屋五郎四郎
口一丈　奥十六丈　ノキモカリ五郎
口一丈一尺五寸　奥十六丈　ノキモカリ原
口一丈　奥十三丈二季　衛門三郎
口一丈二尺五寸　奥十三丈　茶屋次郎ノキモカリ
口一丈　奥十三丈　坪内妙カ子七郎太郎
口一丈　奥十丈二尺　ノキモカリ小次郎
口一丈四尺五寸　奥十丈二尺　クスヤ彦

当屋数十間

五條面町室
町間北頬

口一丈　奥十丈　ノキモカリ 九郎三郎

口一丈　奥 口三尺分ハ十丈、口七尺分ハ八丈七尺　ノキモカリ 彦五郎

口五丈　奥八丈七尺 此内半間計ノクスヤ在之、除之、　空地畠

已上廿五丈三尺　古帳ハ廿五丈一尺ト在之、

当屋数以上十間在之、

五條面町室町間北頬 西端ヨリ打之、

未申角 口廿一丈二尺 堀マテ　奥廿二丈五尺　藤七家之跡 空地

口一丈一尺五寸　奥十一丈五尺　ノキモカリ 藤田

口一丈三尺　奥十一丈五尺　左衛門二郎

口二丈　奥十六丈　坪 孫衛門

口一丈二尺五寸　奥十二丈　ノキモカリ 太郎次郎

口一丈四尺　奥十二丈　花ヤ

口一丈三尺五寸　奥十二丈　若宮北房

口一丈二尺　奥十二丈　金カサキ家跡也、 空地畠

当屋数十間

室町面五条
高辻間西頬

口一丈五尺　奥十二丈　同主跡也、空地

口二丈　奥七丈　御コシカキ 三郎四郎

口一丈五尺　奥五丈八尺　ミせ屋ノ尼 妙永

口一丈一尺　奥五丈八尺　小太郎

口一丈　奥五丈八尺　彦次郎

已上卅八丈九尺五寸 古帳ハ卅六丈六尺五寸ト在之、当屋数以上十間在之、

室町面五条高辻間西頬 南ノ端ヨリ打之、

口一丈三尺　奥三丈三尺　ノキモカリ 助

口一丈四尺　奥八丈　木カウシ 三郎

口一丈五尺　奥八丈　坪内 念仏堂

口一丈二尺　奥八丈三尺　木カウシ 太郎五郎

口一丈三尺　奥十四丈二尺　坪内奥屋 彦七

口一丈八尺五寸　奥十四丈二尺　ノキモカリ 二郎三郎

口九尺五寸　奥廿丈　木カウシ 妙泉

当屋数十九
間

口九尺五寸　奥廿丈　坪内同主
口一丈三尺五寸　奥廿丈　ノキモカリ小五郎
口一丈一尺五寸　奥廿丈　ノキモカリ彦九郎
口二丈四尺　奥廿丈　タカモカリタチ野
口六丈五尺　此内ニ坪ノ内空地在之、屋地子分請口也、　奥廿丈　酒屋吉田
口二丈　奥十三丈　平賀　宗金、元ハハクヤ、
口一丈八尺　奥十三丈　原　元ハ四郎さへもん、コウ屋、
口一丈五尺　奥八丈五尺　隼人　元ハ新さへもん、
口一丈五寸　奥九丈　三郎　ホねヤ、元ハ玉屋
口一丈八尺　奥十一丈九尺　同前六十丈、本主、但シ元ハ口一丈一尺、奥七丈、　雑賀
口一丈二尺　奥四丈　ハリ屋
已上卅二丈七尺　此外ニ南ノ端五丈八尺ハ五条面
彦次郎家ノセト也、古帳ノ面ハ廿八丈
五寸ナリ、
当屋数以上十九間在之、此面一丁ニ空地無之、

高辻面町室町間南頬

室町面ハリ屋ノせト四丈ノ地ノ次ナリ、

口七丈（此内二丈五尺ハヨコ屋也、）奥一丈二尺　サイカせト屋後ノ請口也、

口四丈五尺　奥九丈七尺　坪内無口　空地（原請口、屋地定ナリ、畠アリ、）

口一丈二尺五寸　奥九丈七尺　ノキモカリ　四郎三郎

口一丈九尺　奥九丈七尺　ノキモカリ　実用（コゥ屋）

口一丈四尺五寸　奥十七丈　ノキモカリ　小川二郎左衛門

口一丈一尺　奥十七丈　ノキモカリ　五郎三郎

口一丈　奥十七丈　ノキモカリ　二郎三郎

口八丈五尺　奥十七丈（此内ニ半間計ノ小家ヤモメノ分、除之、）　空地（小社二社ノトヲリ西ノ堀マテ、）

已上廿六丈七尺

此外西ノ端□丈五尺ハ町面カトノ茶や清□也、

前後都合卅九丈二尺　古帳ハ廿二丈二尺ト見タリ、

当屋数以上七間在之、

町面高辻五条間東頬

当屋数四間

学頭代

月行事

教豪

口六尺五寸此家口五尺計、カウスノ分除之、奥八丈五尺　五郎茶屋

口一丈　奥八丈五尺　カツラ茶屋

口一丈一尺　奥八丈五尺　南カツラ茶屋

口一丈　奥八丈五尺　孫二郎

口十四丈堀ノキワマテ　奥九丈高辻面ノ坪ノトヲリマテ、　空地畠

已上十七丈七尺一寸　当屋数以上四間在之、

此外廿二□家ノアトせトノ分也、空地也、

合四十□寸　古帳ハ四十丈六尺ト見タリ、

前後八町之内、当屋数ッ合六十間在之、

文明九年丁酉十二月十六日

学頭代（花押）

月行事（花押）

墨付紙数八枚在之、

教豪（花押）

一三九　五條町前後八町地検新帳

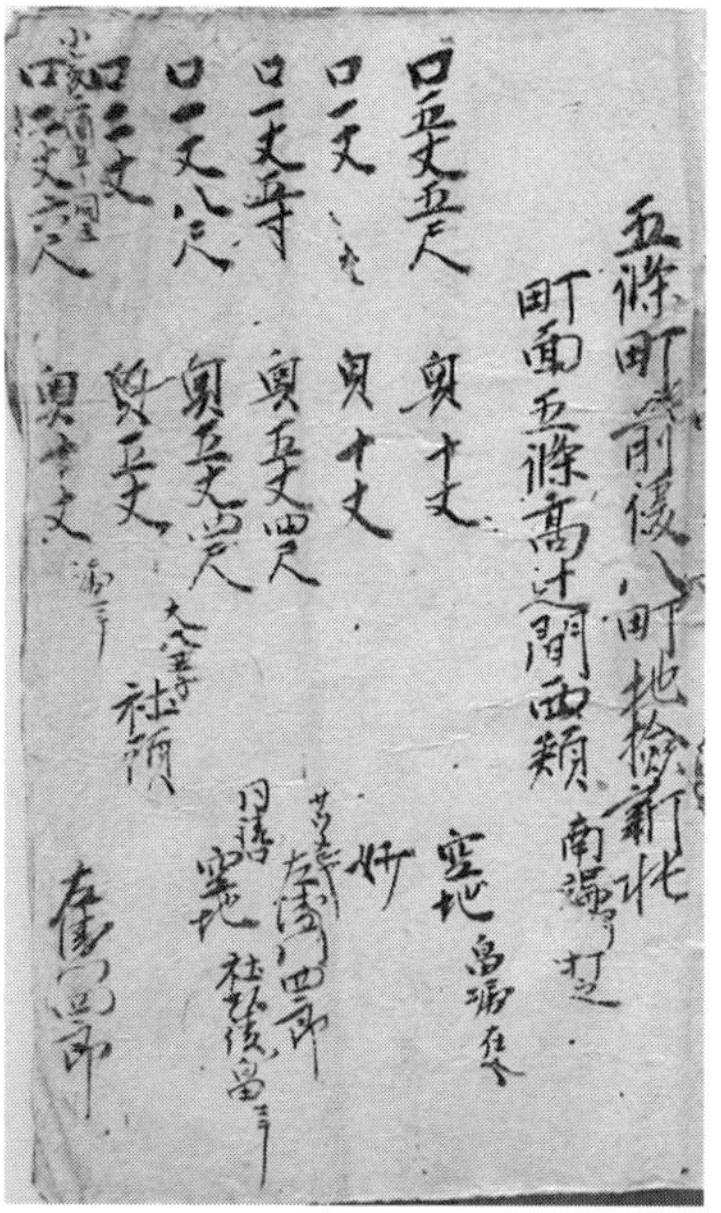

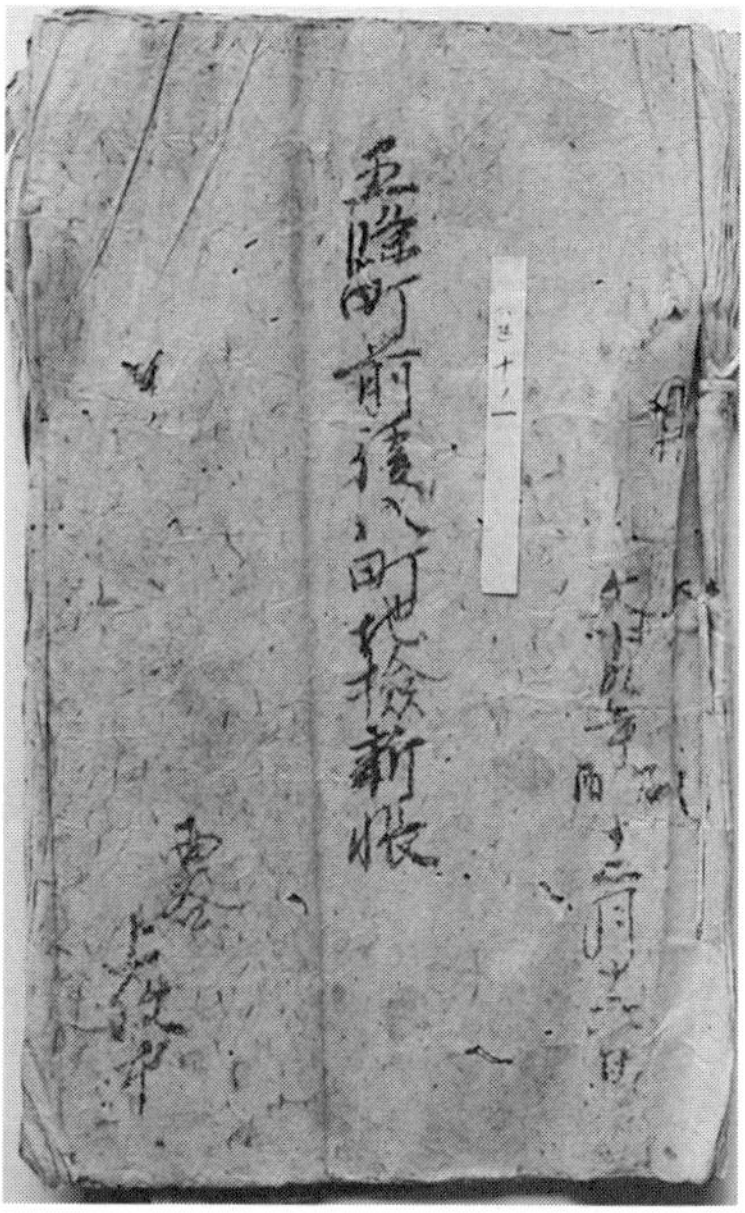

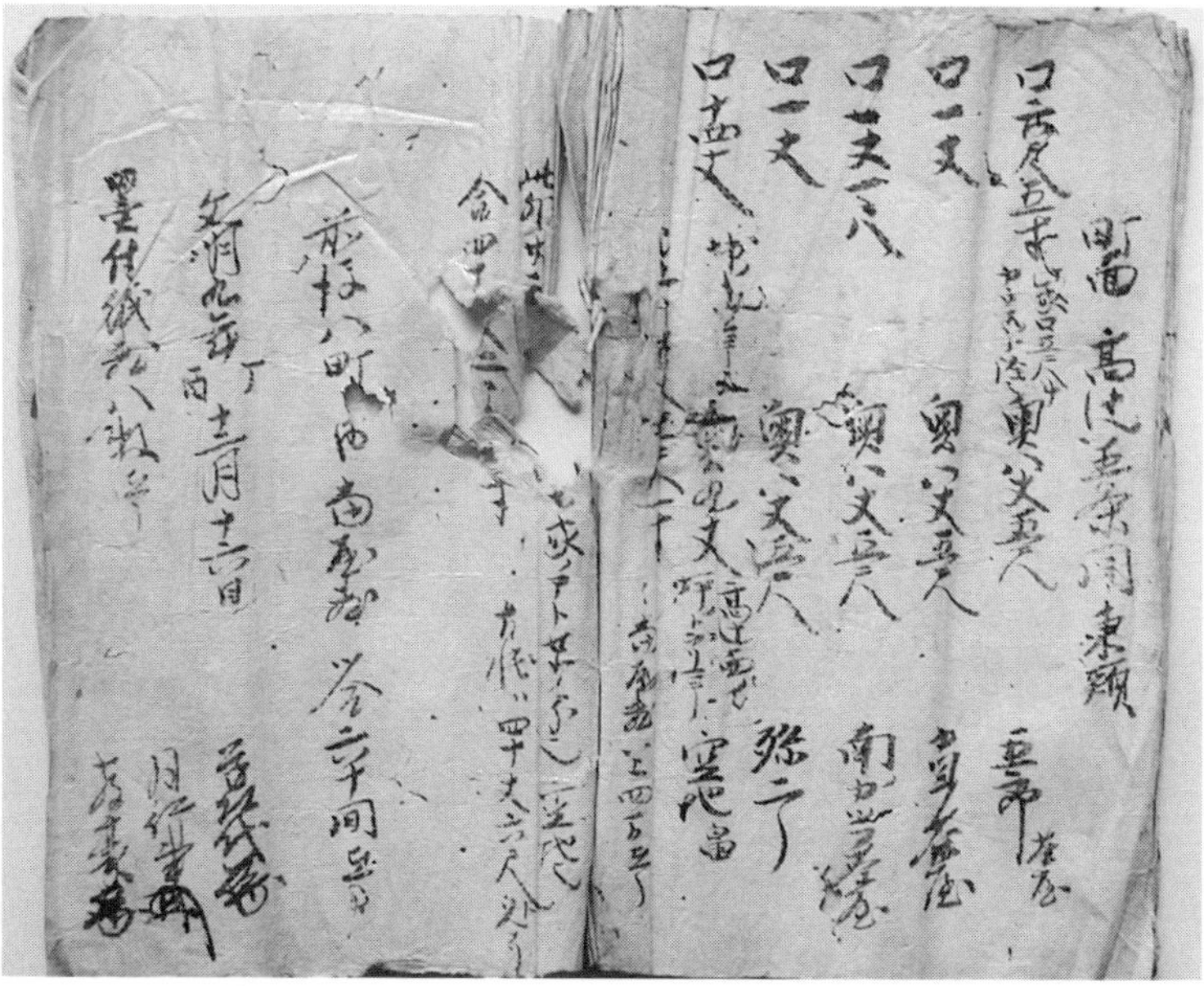

一石二斗

一三〇　波々伯部保年貢米請取状（切紙）

納　米之事

合壱石弐斗者　こにしの大夫

右、為祇園社領丹波国波々伯部保年貢之内、且所請取如件、

文明十六年十一月十八日　納所法眼（花押）

顕重広峯代官職ニ寿宝蔵主ヲ補任ス

一三一　顕重補任状

補任

祇園社領播磨国広峯代官職□右彼在所契約所申候実也、然□年貢諸公
事等厳密可有執□員数事者、重而可申合候、万一□懈怠儀在之、雖何時可
令改申□仍補任状如件、

長享三年己酉二月七日顕重（花押カ）

寿宝蔵主禅師

成安保ヲ安富元家ヲシテ祇園社雑掌ニ沙汰居エシム

伊勢貞陸ニ御料国トシテ山城国ヲ沙汰セシム

一三二　室町幕府奉行人連署奉書案（折紙）

祇薗社領近江国蒲生郡成安保事、任当知行之旨、被成奉書訖、早可被沙汰居彼雑掌之由候也、仍執達如件、

延徳三
九月廿二日　清房（飯尾）判
元行（飯尾）判

安富筑後守殿（元家）

一三三　室町幕府奉行人連署奉書案（折紙）

山城国事、為御料国就被仰付伊勢備中守貞陸、同国寺社本所領古来守護請地任例御成敗之處、有不承引国民等云々、太不可然、早可応貞陸下知、猶以有及異儀之輩者、可被處罪科之由被仰出候也、仍執達如件、

明応二
八月三日　数秀（松田）判

宇治郡諸侍中

土一揆ノ張本人ヲ尋捜シ誅戮スベシ

宇治郡諸侍中

（諏訪）
貞通判

一三四　室町幕府奉行人連署奉書（折紙）

（端書）
「□一日到来候」

悪徒等号徳政、相語土一揆出張事、先度堅被制禁之処、重而有蜂起之企云々、頗難遁罪科、所詮不移時日、尋捜張本人令誅戮之、可捕進其頸、若令同意有難渋之在所者、速被行闕所、可被補御料所之旨、可被加下知境内以下之由被仰出候也、仍執達如件、

明応四
十月廿一日

（諏訪）
貞通（花押）

（松田）
頼亮（花押）

祇薗執行

（奥書）（異筆）
「きおん」

夏地子算用
帳

一三五　夏地子算用状断簡

（端裏書）
「明応四年夏地子算用状」

明応四年乙卯夏地子算用帳之事

納

弐拾六貫六百卅五文

同下行

九貫六百六十文　度々ニまいる、うけとりあり、

弐貫分　次郎三郎下行

。後闕ク、

一三六　源某社領人数注進状（折紙）

［　　］きわ也、

北南陸ちやう二尺

西東拾二ちやう二尺
これゐちせん（越前）御あつかり（預）ふん（分）
其内社りやうのふん
遠藤分、藤井との御
屋子き、同かくたう、是ハ
又によ（女）御との（殿）ゝしゝへ大豆ふん
ゐちせん
三郎五郎
小二郎
五郎
さかミ
二郎五郎
まこさへもん
三郎ひこ二郎
与三

をり
大郎二郎
さへも（ん脱カ）四郎
大郎五郎
きよせう
屋四郎
ほうし
二郎三郎
御社館つくり申節、
以上十九人也、
明応五年四月吉日
源

一三四　室町幕府奉行人連署奉書

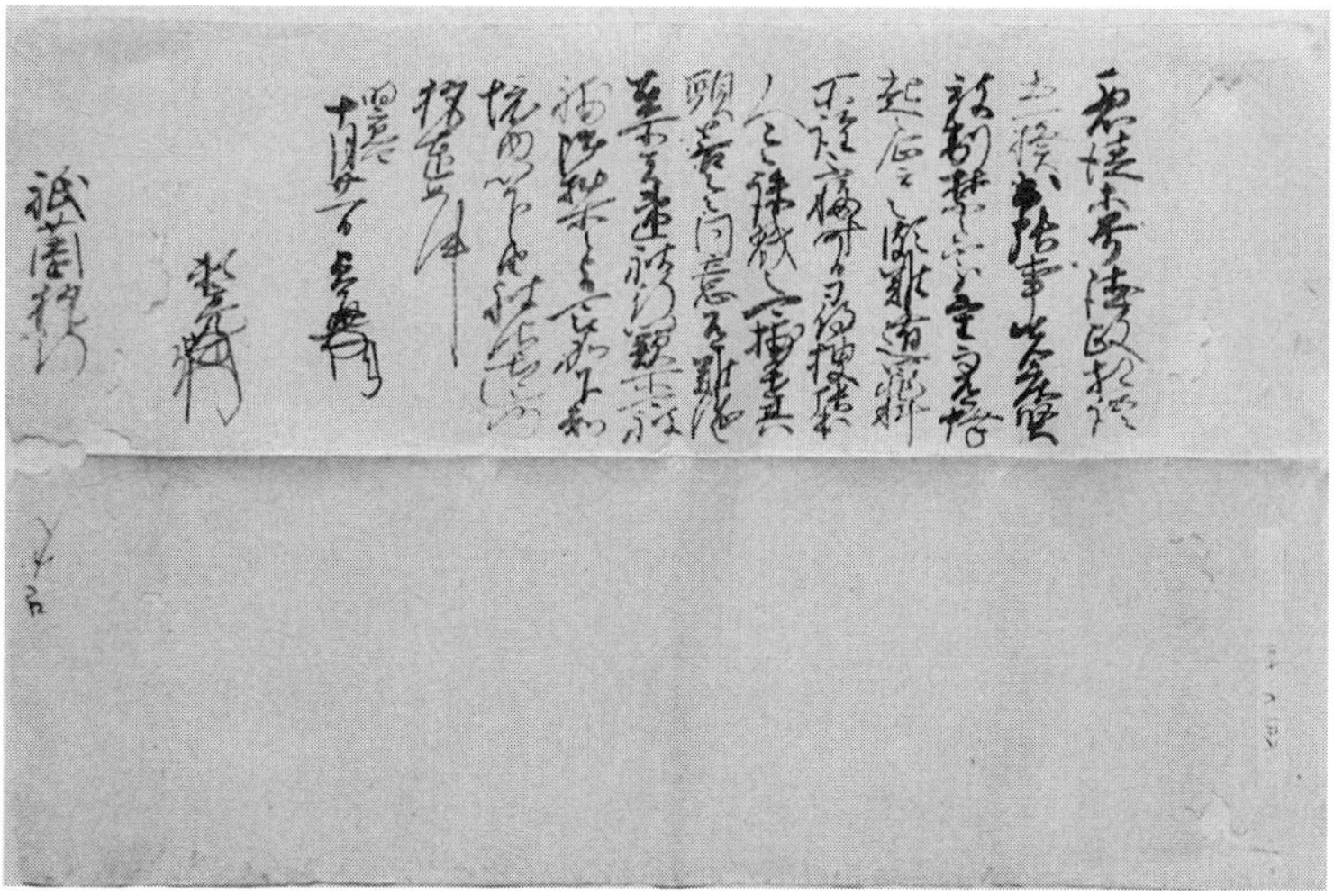

一四八　御駒頭座中申状

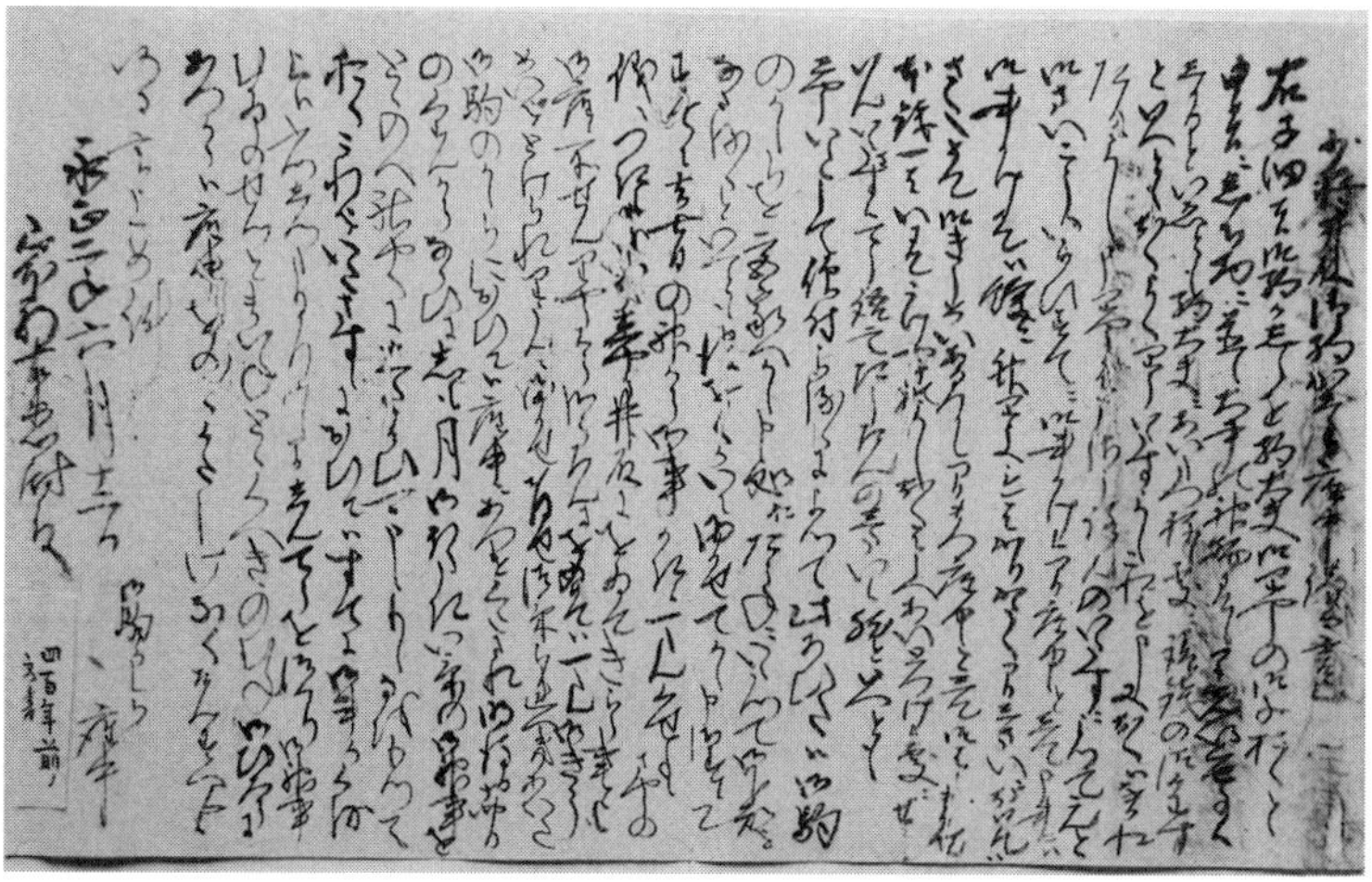

香西元長山城愛宕郡等ノ守護代トナル

細川殿御中間

一三七　細川家奉行人署判奉書案（折紙）

城州愛宕・宇治・紀伊・葛野・乙訓郡等守護代職事、任補任之旨被仰付香西又六（元長）訖、早年貢・諸公事以下、如先々可致其沙汰、若有及異儀在所者、重可被加御下知之由候也、仍執達如件、

明応六
九月廿六日　　　　家兼（飯尾）在判

愛宕郡
名主沙汰人中

細河殿御中間
御使両人

彦右衛門
与二郎

山城愛宕郡内寺社本所領同在々所

一三八　細川家奉行人署判奉書案（折紙）

香西又六（元長）申城州愛宕郡内寺社本所領同在々所々年貢諸公事物等五分壱事、可致知行、至人夫以下（者脱カ）可召仕之者也、若有及異儀在所者、一段可有御成敗之旨

々年貢諸公
事物等五分
一ノ知行

広峯同官舎
殿参銭幷里
方公用

被成奉書訖、宜存知由候也、仍執達如件、

明応七
二月七日　　　　　（飯尾）家兼在判

郡内名主沙汰人中

（奥書）
「壬拾月十五日付」

一三九　氏名未詳請文写

祇園御社領播州広峯同（冠者）官舎殿御参銭幷里方御公用之儀、自当年戊午限三ヶ年之間、御代官職事被仰付之上者、為請切毎年京着佰貫文之定、幷毎月御公事物等無不法懈怠可致運上、若背此旨如在之儀在之者、忽可被召放、其時仁不可及一言者也、仍為後証請文之旨如件、

明応七年戊午八月　日　　　　　名字実名判

祇園執行御坊

今宮神人直買取デ魚物商売スルモノヲ訴ウ

別当

一四〇　室町幕府奉行人連署奉書案（切紙）（祇園社記一六）

祇園社大宮駕與（輿）丁摂津国今宮神人等申、魚物商売事、従往古為座中相着問丸、令売買之処、依当会退転、近年恣不及座中之沙汰、直買取之致商売云々、事実者、太無謂、既及神事違乱上者、如先規致沙汰、可専神役之旨、堅可被加下知之由候也、仍執達如件、

文亀弐
六月七日　（飯尾）清房
（松田）頼亮

当社執行御房

一四一　馬上料足下行銭日記（折紙）

文亀二年壬戌六月分
下行銭日記次第不同
拾四貫八百文内　別当

一貫百八十四文
目代
二貫六百四十文
所司役
二百六十四文
長吏
六百十六文
専当
六百八十文
御乳人
四百文
寮公人
百六十文
田楽

壱貫百八十四文
参拾三貫文内　目代
弐貫六百四十文
参貫三百文内　所司役
弐百六十四文
□合肆貫八十八文歟
七貫漆百文内　長吏
六百十六文
八貫伍百文内　専当
六百八十文
伍貫文内　備中御めのと（乳人）
四百文
弐貫文内　備中れうのくにん（公人）
百六十文
参貫文内本座新座　尾張寄方田楽

二百四十文
御正躰
二十四文
獅子
百六十文
御立神楽
百六十文
王舞
四十文
宮仕
一貫文
今宮神人
八十文
御子男
八十文

弐百四十文
三百文内　御正躰
廿四文
弐貫文百足此方へ御とゝめに　獅子
百六十文　内八十文下行
弐貫文内　御立神楽
百六十文
伍百文内　わう（王）の舞
四十文
拾弐貫文伍百文内宮仕（又ッ合六貫伍百六文歟）　折居色々下行
壱貫文宮仕御下行　七月廿一日
壱貫文
壱貫文内　御下行なし　今宮神人
八十文
伍百文　御下行なし　片羽屋　御子男
ゝ八十文

本願徳阿同宿弥阿弥ヲ悪逆ニヨリ誅罰ス

一四二　室町幕府奉行人連署奉書案（折紙）

祇園社本願徳阿同宿弥阿弥事、種々依有悪逆、誅罰之處、号大碣被官対執行挿意趣云々、太無謂、云出家、云勧進聖、可称被官之段不能信用者歟、雖然有子細者、不日可被注申、於御成敗之間者、不可有卒爾旨、堅可被加下知之趣被仰出候也、仍執達如件、

文亀弐
九月九日　（飯尾）清房 在判
　　　　　（飯尾）元行 在判

（細川政元）右京兆代

右京兆代

一四三　室町幕府奉行人連署奉書案（折紙）

祇園社本願徳阿同宿弥阿弥事、種々依有悪逆、誅罰之處、号大碣被官対社家挿意趣云々、太無謂、云出家、云勧進聖、可称被官之段不能信用者歟、雖然有子細者、

右京兆

大宮駕輿丁祇園会ノ役ニ随ウベシ

不日可被注申、於御成敗之間者、不可有卒爾旨、堅可被加下知之趣被成奉書於
右京兆（細川政元）訖、宜被存知之由被仰出候也、仍執達如件、

文亀弐
九月九日　　清房（飯尾）在判
　　　　　　元行（飯尾）在判

当社執行御房

一四四　室町幕府奉行人連署奉書案（切紙）　（祇園社記一六）

就　祇園会之儀、大宮駕輿丁訴訟事、雖可有糺決、既無余日之間、於子細者、追而
被遂糺明、任（理脱カ）運可有御成敗之上者、先随其役、可遂神事無為之節旨、堅可被加下
知、若猶及異儀者、可有異沙汰之由被仰出候也、仍執達如件、

文亀三
六月五日　　清房（飯尾）
　　　　　　元行（飯尾）

当社執行

祇園会再興大舎人方神事ニ随ウベシ

大政所神主訴訟ニ就キ還幸ヲ押置ク

一四五　室町幕府奉行人連署奉書案（折紙）

祇園会事、再興之處、限大舎人方、任雅意不随其役之条、言語道断次第也、所詮為
去明応九年以来失墜分弐百貫文分厳密令社納之、可遂神事無為之節旨、堅可
加下知彼座中、万一有及異儀之輩〻者、不謂権門勢家之被官、可被處罪科之段、被
仰付開闔訖、宜被存知之由被仰出候也、仍執達如件、

文亀三
六月五日　　（飯尾）清房在判
　　　　　　（飯尾）元行在判

当社執行

一四六　室町幕府奉行人署判奉書（切紙）

就大政所神主訴訟、雖押置還幸、既落居之處、宮本諸役者以下及異儀云々、云
神慮、云　上意、以外次第也、所詮急度加下知、各今夜中可被遂無為之節、若令遅
怠者、可為越度之上者、当坊幷竹坊共以可有御成敗之由被仰出候也、仍執達如

件、

文亀三
六月十五日　　　　清房（飯尾）（花押）

祇園社執行御房

駕輿丁等祇園会御輿鞍持ヲ難渋ス

一四七　室町幕府奉行人連署奉書（切紙）

就祇園会之儀、御輿鞍持事、為駕輿丁等中、従先規致其沙汰之處、近年令難渋云々、言語道断次第也、所詮如先々厳密申付之、可遂神事無為之節旨、可被加下知駕輿丁中之由被仰出候也、仍執達如件、

永正元
六月五日　　　　清房（飯尾）（花押）
　　　　　　　　元行（飯尾）（花押）

当社執行

一四八　御駒頭座中申状

駒頭ヲ質ニ置ク

「（ウハ書）御こまの座中安（案）文

祇園執行
宝寿院

飯尾（清房）加賀守殿御宿所　　玉□（寿）」

少将井殿御駒かしら座中謹而言上

右子細者、御駒かしら（頭）を駒大夫御りやうの御子おく（奥）と申者ニしち（質）物ニ置候、大事の神物にて候間、先以くせ（曲）事候、しかるといゐとも、駒大夫ニあいたつね（相尋）候処、請銭のつかわすといへとも、おく（奥）よくりう（抑留）いたすよしこれを申、又おく（奥）ハなかれ（流）たるよし申、りやうはう（両方）さうろん（相論）のいたすニよつて、こんと（今度）御さい（再）こう（興）いらひ（以来）、すてニ御事かけ候間、座中として申事ニハ、御事かけ候てハ、餘ニ神りよ（慮）もはかり（計）かたく間、しさい（子細）においてハ、さため（定）て御きうめい（糺明）あるへく候間、まつ座中として御は□□（うニ）まかせ、本銭一はい（倍）にてうけ□のよし、おく（奥）はうへあいとつけ（相届）候処ニ、せ□（う）いんいたす《さ》候てう（条）、語言（マヽ）たうたん（道断）のしたい（次第）候、然といへとも、じやうい（上意）として仰付らるゝによつて、此あひた（間）ハ御駒のかし（頭）

十四日ノ還幸
霜月ノ御火焚

ら）を宮家へかし（貸）申候処仁、たう（当）年ニいたつて、御下知をなさるゝといへとも、彼をくかいにまかせ（任）て、かし（貸）申さす候て、すてに去七日の神かう（幸）御事かき候、一たんくせ（曲）事候、さやうの儀ニつき□□□（しやう）しやう井殿にをゐてきらう事とも御座候、所せん（詮）りやうはう（両方）さうろん（相論）にをゐてハ、一たん御きうめい（糺明）をとけ（遂）られ、りうん（理運）ニまかせ（任）、おほせつけ（仰付）られ（マヽ）へきあいた、御駒のかしら（頭）におひてハ、座中ニあつけ（預）くたされ、明後日十四日のくわんかう（還幸）、ならひにしも（霜）月御ほたき（火焚）いけ（以下）の御神事をとゝの（調）へ、社やく（役）にしたかひ（随）可申候、もしなを（尚）もつておく（奥）これをいたさす候におひてハ、すてに御事かく（欠）る上ハ、ふつしつたるへく候間、しんてう（新調）をつくり、御神事むゐ（無為）のせつ（節）をまい（毎）年とゝく（届）へきのむね（旨）、御ひろう（披露）にあつ（預）からハ、座中をの〳〵かたしけ（忝）なくそん（存）すへく候、仍而言上如件、

永正二年六月十二日

御駒かしら
座中

山本新右衛門尉殿

少将井神輿前参銭ヲ細川玄蕃頭違乱ス

一四九　室町幕府奉行人連署奉書（折紙）

祇園社小(少)将井神輿前参銭事、就細川玄蕃頭違乱、宮仕幸円歎申候間、還幸以前可有糺決之上者、可被注申候(ママ)子細、万一有難渋之儀者、任当知行之旨、可有御成敗之段、対玄蕃頭被成奉書之処、宮仕立帰相押還幸云々、前代未聞緩怠也、若今日神事令延引者、於彼幸円者速可被処厳科之由被仰出候也、仍執達如件、

永正弐
六月十四日　(飯尾)清房（花押）
(飯尾)元行（花押）

当社執行御房

一五〇　氏名未詳書状案

案文

昨日御還幸無為無事御座候、千秋万歳公私之大慶御祈禱不可過之、殊諸役者色々雖令訴訟、以御下知之旨、先申有条、弥可然様預御披露候者、弥可為祝着候、恐々謹

言、

永正弐
六月十五日

飯尾加賀守殿(清房)

少将井神輿
前参銭

一五一　室町幕府奉行人連署奉書案（折紙）

祇園社小(少)将井神輿前参銭事、細川玄蕃頭就違乱、宮仕幸円歎申之条、来十四日還幸以前可有糺決之上者、可被注申子細、万一有難渋之儀者、任当知行之旨、可有御成敗段雖被相触玄蕃頭、遂無出対之間、以違背篇被仰付畢、被存知其段、於彼参銭者、向後停止他人妨、進退領掌不可有相違旨被加下知宮仕幸円、神事可被遂無為節之由被仰出候也、仍執達如件、

永正弐
六月十八日　　　　清房(飯尾)在判
　　　　　　　　　元行(飯尾)在判

当社執行御房

一五二　秋地子納下帳断簡

秋地子納下帳

永正弐乙丑秋地子納下帳
納拾九貫九百七拾五文
同下行
参貫文　西殿様
参貫文　中間衆六人
弐百文　米にてまいる
廿五文　うす
八百弐文　木具下足高五十五、下毫甲廿、上足高十五、上毫甲十五、ふちたか二まい
百四拾五文　同木具くきやう五、あしうち三、かんなかけ廿、大くきやう三、かへのおしき十、うすおしき三そく
七貫五百文　秋給分

。後闕ク、

一五三　室町幕府奉行人署判奉書（折紙）（祇園社記一六）

日吉神事延引ニ就キ祇園会同前

日吉神事就延引、当会同前之儀為先規段注進之条、可被任例旨、雖被仰付候、且叵測神慮之間、可被執行式日旨、只今被仰出候、被得其意、不廻時剋相触諸役者、来七日可被専祭礼、更不可有遅怠之由候、仍執達如件、

（永正三）
六月二日　（飯尾）清房（花押）

祇園社執行御房

一五四　丹波国波々伯部年貢米納状（竪切紙）

一石二斗

納　米之事

合壱石弐斗者藤屋弁、

右、為祇園社領丹波国波々伯部御年貢、且請取所如件、

永正五年戊辰十月廿六日　　納所（花押印）

一五五　丹波国波々伯部年貢米納状（竪切紙）

一石二斗

納　米之事

合壱石弐斗者大郎衛門弁、

右、為祇園社領丹波国波々伯部御年貢、且請取申所如件、

永正五年戊辰十月廿七日　　納所（花押印）

一五六　丹波国波々伯部年貢米納状（竪切紙）

一石二斗

納米之事

合壱石弐斗者大郎衛門弁、

右、為祇園社領丹波国波々伯部御年貢、且請取申所如件、

永正五年十一月十五日（花押印）

一石二斗

一五七　丹波国波々伯部年貢米納状（切紙）

納　米之事

合壱石弐斗者大郎衛門弁、

右、為祇園社領丹波国波々伯部御年貢、且請取申所如件、

永正五年十一月廿五日（花押）

一五八　室町幕府奉行人連署奉書（折紙）　（祇園社記一六）

祇園会事、依日吉祭礼延引于今令遅々、既及月迫之条、地下人等山鉾難調之旨歎申之間、以彼失墜料被付当社畢、不可為向後例段、可被存知之由被仰出候也、仍執達如件、

永正八年
十二月廿四日　（飯尾）貞運（花押）
（諏訪）長俊（花押）

当社執行御房

一五九　魚住能安書状写

広峰本所分本所ト申合ワセ代官職ヲ拘ウベシ

魚住隠岐守能安謹言□

右、祇薗領広嶺(峰)本所分事、以御□知行仕候處、旧冬御還補之儀、以櫛橋豊後守
被仰出被成御奉書候条、本所と申合、代官職相拘候、此等趣可然様可預御披露候、
謹言上如件、

永正拾五年五月三日　能安

進上　御奉行所

一六〇　魚住能安申状案

広峰本所分

魚住隠岐守能安(謹)□

右子細者、広嶺(峰)本所分之事

本所還補申沙汰

一、安田両度之申状披見仕候、然安田依如何様儀□知行候哉、先年安丸相拘候、安丸退転之砌、為無主地以御下知知行仕候、其以後、安丸本知被返付□（候）時節ニも、同以此筋目無相違拘置之処、最前如申上候、御還補候条、対本所補任代官職相拘候、

一、久為人給処、相語本所御還補申沙汰仕儀、言語道断由被申上候、安田訴訟半御還補之儀申付而者、可為其分候歟、従最前連々御還補事被申候条、是又非申掠儀候、

一、安田本領志染・小倉押領ニ付而安堵之間、為替地広嶺（峰）被仰付之由候、就其儀者、小倉跡為闕所各々被申給候上者、本所〔訴〕之儀可被申事候哉、広嶺（峰）事者、為無主地被仰付候条、安田当知行分押領仕儀無之候、此等之趣、可然様可預御披露候、仍言上如件、

永正拾五年五月十三日

進上　御奉行所

細川満元・佐々木京極境内西大門北敷地ヲ馬場ニ借用ス

一六一　室町幕府奉行人連署奉書

祇園社境内西大門北敷地事、去応永年中細川右京兆(満元)為笠懸馬場有借用之、被返渡之後、佐々木京極、為馬場又借用云々、然厳重社領段被歎申之旨被聞召訖、令領知可被専神用之由、所被仰下也、仍執達如件、

永正十五年九月十六日　　前近江守(飯尾貞運)（花押）
上野介(斎藤時基)（花押）

当社執行御房

日吉祭礼ノ延引ニヨリ祇園会神事ヲ延引スベシ

一六二　室町幕府奉行人連署奉書（折紙）

祇園会事、先例旨被申上之条、式日可被執行之段、雖被成奉書、就日吉祭礼相延、為山門申子細之間、先神事之儀、可被延引、追被遂糺明、可被仰付之由被仰出候也、仍執達如件、

天文弐
六月八日　　堯連(飯尾)（花押）

○宛所欠ク、

晴秀（松田）（花押）

一六三　立原幸綱書状（切紙）

（包紙ウハ書）
「立原次郎右衛門尉
　　幸綱
祇園執行
宝寿院まいる　尊報」

（切封跡アリ）

就御社領之儀被仰下候、則日聞候、播州之儀於静謐者相尋可申付之由候、其外所々依乱世于今睆不相尋候、何茂連々不可存疎意之由申候、委細民部少輔以返書申入候間、不能詳候、此之（ママ）由得貴意候、恐惶謹言、

天文九年
二月三日　幸綱（立原）（花押）

祇園執行
宝寿院まいる　尊報

播州静謐ニ於テハ社領ノコトヲ申付クベシ

立原幸綱

牛玉・御守・五明
尼子経久

一六四　尼子経久書状（切紙）

（包紙ウハ書）
「尼子伊予守
宝寿院参　尊答　経久」
（切封跡アリ）

年頭為御祝詞、牛玉・御守・五明送被下候、畏存候、従是参百疋進上候、表御祝
儀候、恐惶謹言、

（天文九年）
二月六日　（尼子）経久（花押）

宝寿院参　尊答

一六五　大須賀藤政書状（切紙）

（包紙ウハ書）
「大須賀与介
魚住彦右衛門尉殿御宿所　藤政」
（切封跡アリ）

一六一　室町幕府奉行人連署奉書

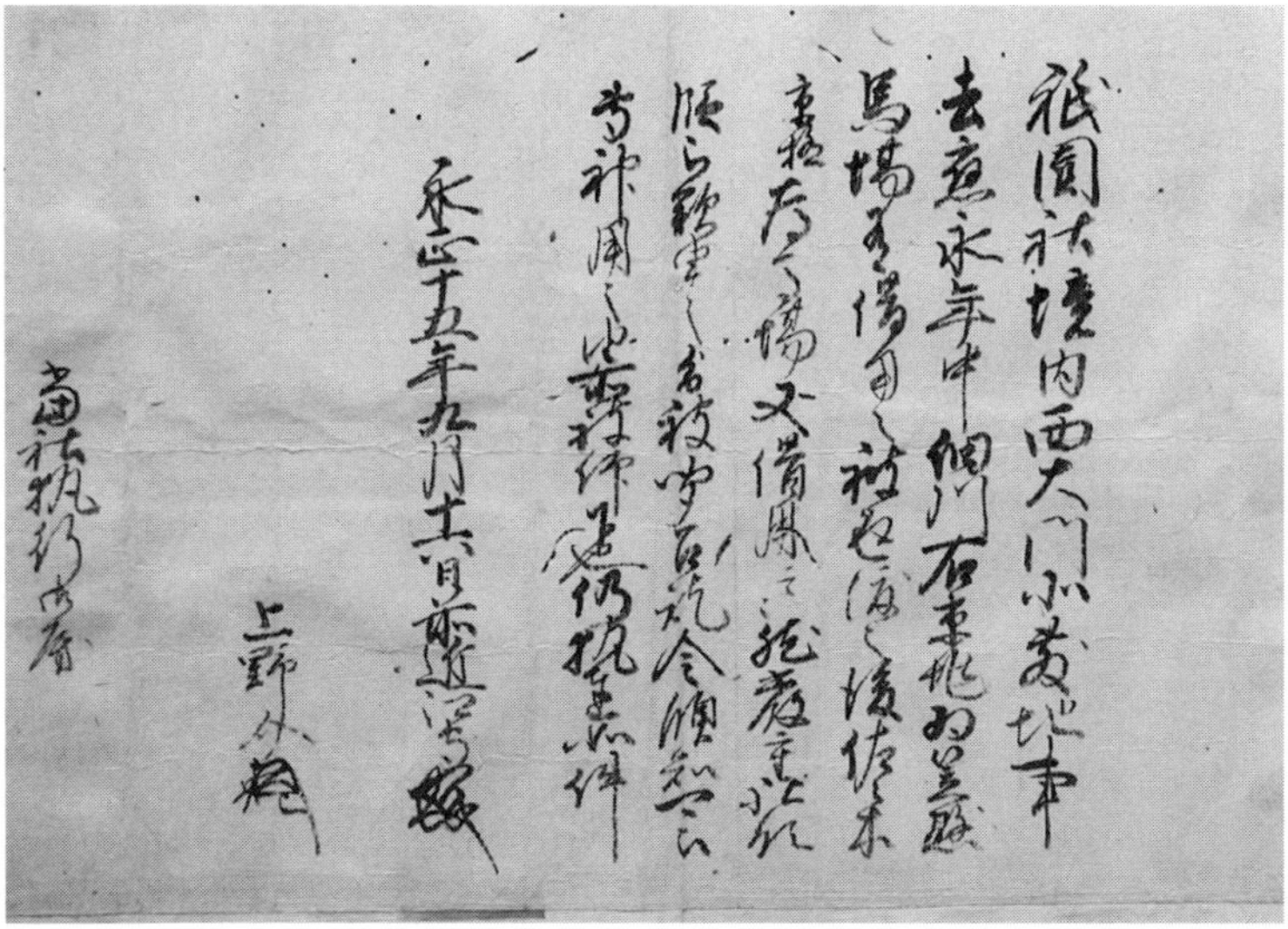

一七二　治宣書状

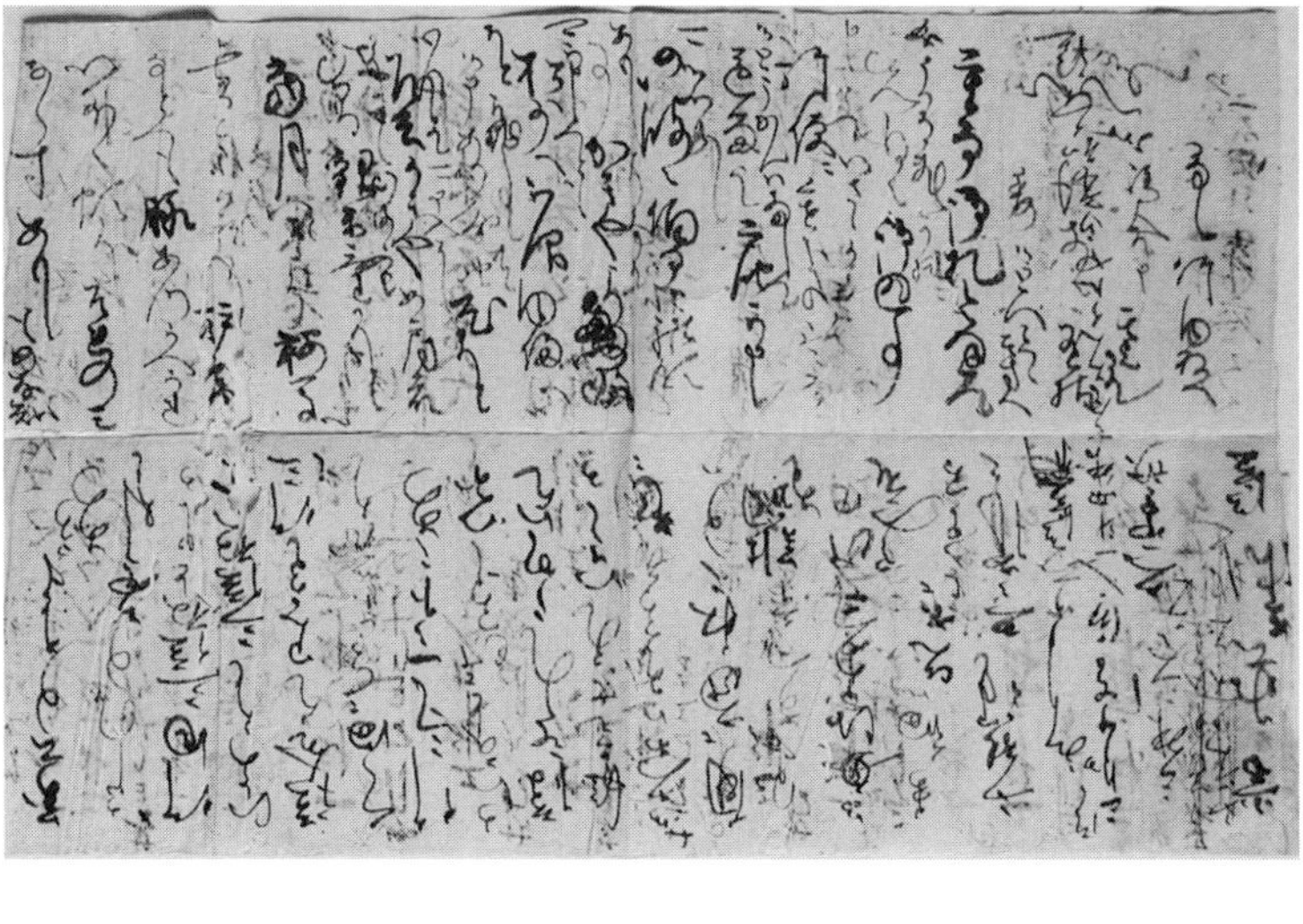

大須賀藤政

前法然寺

(端裏書)
「天文廿三」

従祇薗如例年御使、何も披露申候、御書未出申候、綿二屯為御返御使へ渡申候、従景宗為御返百疋可参候、以書雖可被申候、他行之間、何も以便宜可上申候、此旨京都へ可被仰候、此所寒中身労無申計候、恐惶謹言、

十二月十五日　(大須賀)藤政（花押）

魚住彦右衛門尉殿
御宿所

一六六　大蔵卿地子銭納状

納地子銭之事

合五十文者　前法然寺納所弁、

右、祇園社領、所納如件、

弘治弐年十二月　日　大蔵卿
在判

一六七　願玄請文等写

請申御地之事、

合在所者六角町東ノツラ北ノハシ、口三尺五寸、奥南小路之用地也、

右、片季ニ五十銭宛、年中百文分可致其沙汰候、此旨可然様可預御披露候、仍請文如件、

弘治二年十二月廿日　前法然寺願玄判在

山本大蔵卿殿

請申地事

合在所ハ六角町東頬北ノハシ、口東西三尺五寸、又奥南小三尺五寸路用地也、

右、祇園社領御地片季ニ五十文、年中ニ百文可致其沙汰候、此地於御用者、雖為何時返進可申候、此旨御披露肝要候、仍請文如件、

。後闕ク、本文書ハ一六六号ノ裏ニ書シタリ、

祭礼ノ刻ノ
咎人逐電ニ
ヨリ女子ヲ
開闔ニ渡ス

一六八　宝寿院常泉書状案

当所人足之儀被仰出候、御上使如存知候、夜中申触、人足可致進上覚悟候処、空曇申候間、今日之儀延引仕候、惣別当所之儀、諸役御免除之段、幾重も御侘言申上度候間、可然様御披露奉頼令存候、恐惶謹言、

（永禄元）
九月廿二日　常泉

大館左衛門佐（晴光）殿

一六九　氏名未詳書状案

去月廿八日当社御祭礼刻咎人事、就逐電彼者女子開閤（闔）へ被成御渡之由承候、誠厳重御成敗、尤可然存候、神人駕輿丁中中事、堅可申届候、へ事、自開閤（闔）可被仰届候、此等之趣御披露肝要候、恐々謹言、

于時永録（禄）元
十二月廿八日

祇園社領山科音羽郷内ノ神田年貢

守・牛玉・壇供

一七〇　宝寿院常円書状案

（端裏書）「永禄六　使者　備後」

祇園社領山科音羽郷之内神田年貢事、数年不致納所候、雖然、御神供之事者、以引替奉備候、御侘言之段、毎年度々申入候へ共、御返事無之候、迷惑ニ令存候、急度御侘言相立候様ニ御局様へ御申沙汰奉頼令存候、神慮之御事ニ候間、無御油断候者、肝要候、恐々謹言、

十二月廿三日　宝寿院常円

進士美作守殿御宿所

一七一　宝寿院常泉書状案

この春よりの御よろこひ、いまにおきて事ふり候へ共、いよ〳〵おほしめしまゝの御事とゆわひ入まいらせ候、さてハまもり（守）・こわう（牛玉）・たんく（壇供）、かれひ（嘉例）のことくまいらせ候、いく久しく御いたゝき候へく候、猶かさね〳〵御きた（祈禱）

多聞山
松永久秀
内藤国貞
半井驢庵

う申まいらせ候、めてたく、又々かしく、
うハかき　はゝかへとの（波々伯部殿）　ほうしゆいん（宝寿院）
かもしへまいる　常泉
申給へ
「（奥書）永禄九　二月七日」

一七二　治宣書状（折紙）

（追而書・行間書）尚々竹内殿へ談合申、其上にて従前之有様委御とへ候ハヽ、其方へ可申入候、よく〳〵とへ成うつ
間敷候、か様ニ申候とて、いさゝか□□□御とうかんハあるましく候、可御心安候、あもしより文
にて可被申候へとも、ちと可然事候まゝ、心得候て可申入よしにて候、以参可申候、

重而御札令拝見候、先日之御返事、別便ニ進之候、定而逗留候て届可申候、仍波々伯部御社領事、かきやより多聞山松少（松永久秀）へ被仰、内備（内藤国貞）へ御申あり度由候、尤にて候、乍去かきや女房衆此間歓楽気にて候、当月八日より鞍馬へ七日参籠にて、驢庵（半井）なとへも、脈あつらへられ、以外之煩にて候、それのミならす、あもしも

竹内季治

如存知、万公事なともとりあつかハしの事、ちやうしにて候、竹内三位（季治）殿と申
候かひとのにて候、三位殿へも□（虫損）談合候て見可申候、竹三もくらまニ七日参
籠にて候、竹三も天下之あつかいなとニ、此間も以外隙無候へく候、うかゝい
候て従是可申入候、いさゝか（も脱カ）御等閑ハ有間敷、兎ニ角ニ当秋之事ハ日もなく
候条、難調存候、御母儀さまへも此由申入度候、委細ハ先書ニ令申候間、不能詳
候、恐々謹言、

九月十二日　　治宣（花押）

（ウハ書）
「当　永六　貴報　久雲斎治宣」

一七三　米算用状（折紙）

永禄九年二月廿九日

晩気ヨリノ常案
一斗六升　　渡分

三月十日
一斗三升　　渡分

同
四升　　妙円方へ渡

山科米

唐櫃分

三月十七日
後取山科米
一斗四升二合　七合半　渡

廿一日
三升　妙円方へ渡

唐櫃分
廿六日過上遣
四升一合　但千世女請取　渡

廿七日過上遣
七合　真行渡

廿九日
二升九合　九日迄長案　渡分

四月一日ヨリ十日迄分ニ

長安
一斗七升二合　此内妙円加之　渡

十一日より廿二日迄長案分
此内五料人御乳晩気ヨリ也
二斗三升一合　渡分

二升一合はん　此内たかのゝ迎

廿一日ヨリ廿九日迄長案
二斗一升一合はん渡

七合　たかのゝ者四合
小四郎三合　過上遣

廿日晩子ニ渡也、

廿五日
一升九合　別火入惣衆
二合つゝ臨時

五升 別火 入目 三十日中

七合 □廿七日出家 □□□

卅日ニ渡也

五月七日長安

二斗三升五合

中旬長安

一斗三升八合 五月十日 ニ渡也

（墨線）

山科米二石五升八合

遣代

五斗二升二合はん　千世引違

二斗六升　返弁

四升　長安渡

山科升ニテ

一斗　梅坊様請ニ遣

四月朔日

地下マスニテ

一斗　彦二郎遣 骨折 故也

上田方へ 祝ニ 遣之

当取納分五月廿一日土水算用
二石五斗四升四合

遣代

惣以上

二石四斗六升〔一升〕六合はん

○本文書ハ一七二号ノ裏ニ書シタリ、

一七四　文書目録

此文書天正十七年六月ニ東福寺ヨリウケ出シ候、令校合、則合点也、

六角町証文目録

一通　別当宣　永徳元年五月廿三日　左衛門大尉在判

一通　同　諸官評定永徳元年五月廿三日　連判

一通　譲状　建久二年十一月廿四日　尼妙法在判

一通 譲状 けんちやう三年八月廿三日 めうあミ在判 かな

以上四通

東福寺善恵軒質地ニ入置、只今渡遣候、

天正拾年拾月朔日

東福寺善恵軒へ質地ニ入レ置ク

一七五 祇園社替地請状案

社領替地ノ事

当社領御替地之内ニ自然申分出来候者、誰々雖為手前社領被下候為人数、如何様にも可申調候、物之入儀御座候者、右之社領ニ可被懸（マヽ）相候、猶田地取込仁在之者、其身相違之分程惣社領之内を以、渡可申候、各々其時一言儀不可申候、仍為後日状如件、

年老次第　若狭

天正拾四年正月廿一日

祐房　新二郎

祐豊　山新二郎

秀延

権大夫　供僧代大佐

美作　又五郎
加賀　新三郎
九郎五郎上番
出雲　新七郎
甚三郎　新五郎
甚四郎　左衛門五郎
大蔵殿代
弥三郎　神人惣代
又二郎　豊後
又三郎　兵庫
甚八郎
孫九郎
弥五郎

社領高十分一ハ公儀ノ

関白様より今度雖被成御検地候、当知行社領分、御替地被下候、忝存候、然者、彼
社領高内拾分一を以、公儀御まかないなされ候へく候、同高内五分一を以、御

賄
社領高五分一ハ神事・造営料ノ定

神事定、同御造営料ニ各相定可申候、若此内一粒一銭も私曲之輩在之者、其身之御社恩被召放、御造営ニ可被付者也、仍為後日状如件、

年老次第

天正拾四年正月廿一日　各在判

右同断

ひつ（筆）者公文長勝　兵部大輔

豊秀

行幸
後陽成天皇太刀等ヲ奉納ス

一七六　後陽成天皇俸物折紙（折紙）

御太刀　一腰

御馬　一疋

以上

（貼紙）
「天正十六年二月廿六日行幸、為御祈禱御勅使中山大納言殿（親綱）きんりさま（禁裏）より当社へ御参候、御奉物御太刀一腰、御馬一疋代五百疋也、秀延拝領、一社へも御奉書以被仰出候、則我々よりひろめ御祈禱被申候、以上、

天正十六年二月　　　　　　秀延（花押）」

一七七　祇園社法度

一万石ヲ造営ニ寄進セラル

社中惣評議会所ハ社家ニ於テ有ベシ

定　祇園社　法度

今度就　御寄進壱万石造営而條々事

一、御社家幷惣社中、以諸(談)合之旨被仰付候事、社中各其外諸役人共ニ無違背、随分似合云々、相当之儀、致馳走可為肝煎之事、

一、作事之入用、或材木、或竹、或諸事之雑用等、社中以惣談合之上、可被買求之、若無談合為一人私被買之、自然其買物ねほと於高直者、其身之可為失墜之事、

一、社中惣評儀会所之事、於御社家可有之、付、社中へ評儀案内之事、当月奉行僧ヨリ両座之役者ニ被仰渡之、社中へ則可有触之事、

一、当社門前之人足召使候付、飯米下行之事、一人ニ付（マヽ）宛、以壱万石之内、従当月奉行可有下行之事、但、依普請等人足不入之儀ニ社中之無評儀、雖為当月奉行、人足被召使候者、飯米之下行不可有之候事、

大坂・堺ニ於テ寄進米ヲ請取ル

宝光院顕栄
竹坊深芸
松坊慶順
梅坊順秀
新坊玉盛

一、御寄進之八木、大坂・堺へ請取ニ指下候奉行之事、社僧一人、同僕一人、役者三人、人足二人、合七人、以惣談合之旨可指下之、然者大坂・堺逗留中飯米料幷為路銭、以壱万石之内、一日ニ一人分鳥目卅銭宛、当月奉行ヨリ可有下行之事、若其外ニ路銭被遣過候者、其身之可為失墜事、但、八木之運賃・駄賃・船賃等之儀者、日記別帋ニ可被付之、追而社中へ算用可有披露之事、

右、條々趣、於相背者（ママ）当社牛頭天王之御罰可罷蒙候也、仍如件、

天正拾六年拾二月八日

社僧中

宝光院顕栄（花押）
竹坊深芸（花押）
松坊慶順（花押）
梅坊順秀（花押）
新坊玉盛（花押）
社務執行雑掌
甚太郎吉長（花押）

諸役人中

承仕法橋（花押）
同　備中（花押）
宮仕幸円（花押）
同　教乗（花押）
片羽屋新介（花押）
同　源介（花押）
同　三介（花押）
同　助三郎（花押）
同　与二郎（花押）
同　甚七郎（花押）
同　新四郎（花押）
同　与一（花押）
本願所同宿
但馬（花押）
成就

八坂

若狭（略押）
大夫
和泉（略押）
専用

一七八　山城国愛宕郡祇園御検地帳（冊子）

「（表紙）天正十七年　三
紙数廿弐枚
山城国愛宕郡祇園御検地帳
霜月廿四日　矢野（左京亮）□
□」

やさか
同 中畠　壱畝弐拾二歩　壱斗九升壱合弐夕　与宗左衛門
同 中畠　壱畝六歩　壱斗弐升八合三夕　新坊

同 中畠　九畝廿六歩　壱石八升弐合八夕　同人
同 中畠　三畝拾歩　三斗六升六合七夕　与三左衛門
同 中畠　二畝拾弐歩　弐斗六升四合壱夕　□
同 中畠　壱畝廿弐歩　壱斗九升□　□
同 中畠　壱段廿歩　壱石壱斗七□　□
同 中畠　五畝弐歩　六斗弐升三合弐夕　新□（六）
同 中畠　二畝　弐斗弐升　さかもと 新衛門
同 中畠　四畝八歩　四斗六升九合六夕　二郎三郎
同 中畠　四畝壱歩　四斗四升三合七夕　彦九郎
同 中畠　弐畝壱歩　弐斗弐升三合七夕　源左衛門
同 下畠　五畝四歩　五斗壱升三合六夕　彦九郎
同 下畠　弐畝拾七歩　三斗七合弐夕　新坊
同 下畠　五畝拾八歩　五斗六升三合　兵部卿
同 中畠　五畝拾八歩　六斗壱升六合壱夕　同人
やさか 中畠　壱畝五歩　壱斗弐升八合四夕　甚左衛門

八坂畠

同 中畠	弐拾歩	七升三合四夕	□
やさか 中畠	弐畝廿歩	弐斗九升三合□	□
同 中畠	四畝	四斗四升	孫左衛門
同 上畠	弐畝拾四歩	弐斗九升六合五夕	新三郎
同 中畠	弐畝六歩	弐斗四升二合弐夕	与次郎
やさか畠 中畠	五畝拾八歩	六斗壱升六合三夕	与三兵へ
同 中畠	四畝拾弐歩	四斗八升四合壱夕	きおん 入道
同 中畠	弐畝廿五歩	三斗壱升一合八夕	二郎左衛門
同 中畠	六畝二歩	六斗六升七合四夕	同人
同 中畠	四畝拾歩	四斗七升六合七夕	五郎衛門
同 中畠	三畝	三斗三升	同人
同 中畠	拾七歩	六升弐合六夕	又五郎
同 中畠	三畝六歩	三斗五升□夕	□
同 中畠	壱畝廿六歩	弐斗三合五夕	□
同 下畠	八畝	八斗	同人

	下畠	弐拾四歩	八升四夕	同人
同	荒畠	二歩	六合八夕	二郎三郎
同	荒田 れうせんノ下	弐畝拾弐歩	弐斗八升八合	五左衛門
同	荒畠	廿歩	八升	甚兵衛
同	下畠	壱畝	壱斗	五左衛門
同	下田	三畝廿二歩	四斗四升八合	甚兵へ
同	下田	廿八歩	壱斗壱升二合	同人
同	下畠	四畝六歩	四斗弐升二合四夕	同人
同	中田	壱畝拾四歩	壱斗九升一合	三郎二郎
	荒田	四歩	壱升六合	□
同	荒田	廿三歩	九升二合	□
同	荒田	四歩	壱升六合	三郎二郎
同	下田	四歩	壱升六合	甚兵衛
同	下田	四畝拾弐歩	五斗二升八合	清水 執行
同	下田	弐畝八歩	弐斗七升二合	うは かくせん

同 中田　壱畝廿弐歩　弐斗二升五合四夕　うは《かくせん》

同 中田　弐畝拾弐歩　三斗一升二合三夕　同人

同 中畠　二歩　七合四夕　二郎左衛門

同 中田　九歩　三升九合六夕　同人

同 荒田　廿四歩　九升六合　うは《かくせん》

同 下田　壱畝　壱斗二升　二郎左衛門

下田　六歩　弐升四合　□

下畠《れうせんノ下》　廿四歩　八升四夕　□

同 下畠　弐畝　弐斗　二郎左衛門

同 下畠　弐拾四歩　八升四夕　孫三郎

同 下畠　弐畝四歩　弐斗一升三合六夕　同人

同 中畠　弐畝　弐斗弐升　泉阿弥

同 中畠　弐畝拾五歩　弐斗七升五合　向山

同 中畠　弐畝廿歩　弐斗九升三合四夕　霊山文阿弥

同 中畠　壱畝拾歩　壱斗四升六合七夕　同人

中畠	三畝拾歩	三斗六升六合七夕	五左衛門
上 屋敷	壱畝	壱斗五升	孫左衛門
上 同	弐拾弐歩	壱斗壱升	源左衛門
上 同	壱畝	壱斗五升	□
上 同	壱畝三歩	壱斗六升五合	□
上 同	壱畝六歩	壱斗八升	源兵へ
上 同	壱畝拾二歩	弐斗壱升	与三郎
上 屋敷	弐畝拾二歩	三斗六升	甚介
上 屋敷	壱畝六歩	壱斗八歩	甚左衛門
上 屋敷	壱畝弐歩	壱斗六升	孫四郎
上 屋敷	壱畝十八歩	弐斗四升	助左衛門
上 屋敷	壱畝六歩	壱斗八升	助右衛門
上 屋敷	壱畝六歩	壱斗八升	彦七
上 屋敷	壱畝六歩	壱斗八升	藤左衛門
上 屋敷	弐拾四歩	壱斗二升	三郎一郎

神明前　河原　御所

屋敷 上	拾八歩	九升	□
屋敷 上	壱畝六歩	壱斗七升四合	□
屋敷 上	壱畝弐歩	弐斗壱升	又次郎
屋敷 上	壱畝	壱斗五升	与次郎
屋敷 上	壱畝拾八歩	弐斗四升	おんあミ
屋敷 上	弐畝四歩	三斗弐升	同人
同 上	壱畝拾弐歩	弐斗壱升	与四郎
屋敷 上	弐畝拾五歩	三斗七升五合	甚五郎
同 上	弐畝拾八歩	三斗九升	孫五郎
神明まへ 荒畠	拾弐歩	四升壱夕	甚太郎
荒田	壱畝拾歩	壱斗六升	中納言
荒田	二畝拾二歩	弐斗八升八合	山本
河原 下畠	壱段五畝拾歩	壱石五斗三升三合	あまへ □
こしよ 上田	壱畝六歩	壱斗五升 □	□
荒田	五畝拾八歩	七斗一升二合	同人《うすい》

高畠

中田	三畝廿二歩	四斗八升五合六夕	藤衛門《あまへの》
中田	三畝	三斗九升	与大郎
中田	五畝拾歩	六斗九升三合四夕	同与大郎《あまへの》
中田	五畝拾歩	六斗九升三合四夕	山本
（高畠）中田	二畝拾五歩	三斗弐升五合	孫左衛門《たゝミや》
中畠	二畝廿五歩	三斗壱升一合八夕	山本
中畠	壱畝五歩	壱斗弐升八合五夕	彦右衛門
上畠	壱畝廿歩	弐斗	治部卿
（高畠）下畠	四畝拾歩	四斗三升三合四夕	源左衛門
下田	五畝四歩	六斗一升六合	□
中田	壱段三畝廿六歩	壱石八□三合二□	□
中田	六畝廿四歩	八斗八升四合四夕	（同）七郎二郎
中田	壱畝四歩	壱斗四升七合六夕	（同）同人
中田	壱反七畝拾歩	弐石弐斗五升三合四夕	（同）与四郎
中田	五畝四歩	六斗六升七合六夕	（同）新衛門

		下田 壱段七畝拾七歩	弐石壱斗八合	あまへ与衛門
		中田 壱反七歩	壱石三斗二升八合三夕	山本
		下田 六畝拾八歩	七斗九升二合	あまへ小介
		上田 弐畝四歩	弐斗九升八合八夕	同人 同
	御所之内	上田 七畝拾弐歩 いしのたう	壱石四升五合三夕	孫左衛門
		上田 七畝拾四歩	壱石三升六合壱夕	あまへ九郎二郎 にしき
		上田 五畝拾六歩	七斗七升四合七夕	
		上田 壱段廿歩	壱石四斗九升三合四夕	
		上田 四畝	五斗六升	
		上田 八畝廿五歩	壱石弐斗一升七合	九郎二郎 あまへ
		御所之内 上田 八畝	壱石壱斗弐升	二衛門
		上田 壱段七畝	弐石三斗八升	孫二郎
	半郷	上田 六畝廿四歩	九斗五升二合三夕	藤左衛門
		上田 壱段廿五歩 はんかう	壱石五斗一升六合七夕	新坊
		上田 五畝拾五歩	七斗七升	次兵へ
				彦左衛門

上田　九畝廿五歩　壱石三斗七升七合　五郎大夫
上田《はんがう》　壱段二畝　壱石六斗八升　兵部卿
上田　八畝　こしよの内　壱石一斗二升　助□
上田《はんかう》　三畝拾二歩　四斗七升□合　□
上田《同》　六畝廿四歩　九斗五升二合　□
下田　二畝　弐斗四升　又衛門
上田《はんかう》　三畝　四斗二升　宝光院
上田　壱段四畝　壱石九斗六升　西ノとい　彦四郎
上田　二畝廿歩　三斗七升三合四夕　竹ちよ
上田　壱畝拾歩　壱斗八升六合七夕　中左衛門
高畠　上畠　二畝　二斗四升　三郎二郎
上畠　二畝拾五歩　三斗　甚二郎
上畠　二畝拾歩　弐斗八升　山本
上畠《たかはたけ》　三畝五歩　四斗二升　彦左衛門
上畠　壱畝拾歩　壱斗六升　又衛門

同 中田　六畝拾二歩　八斗三升二合二夕　□
同 中田　三畝　三斗九升　□
中田《くるまみち》　五畝拾歩　六斗九升三合四夕　孫左衛門尉《たゝミや》
同 中田　七畝　九斗壱升　五左衛門尉
同 中田　壱畝　壱斗三升　孫二郎
同 中田　壱畝二歩　壱斗三升八合八夕　与大郎
同 中田　二畝拾五歩　三斗弐升五合　新介
同 中田　六畝六歩　八斗六合四夕　竹千代
同 中田　五畝五歩　六斗七升一合七夕　山本
同 中田　六畝二歩　七斗八升八合八夕　竹千代
同 中田　六畝　七斗八升　助左衛門尉
同 中田　六畝廿歩　八斗六升六合八夕　同人
上田　四畝拾壱歩　六斗壱升□　□
上田　弐畝廿五歩　三斗九升六合八夕　□
上田　壱畝六歩　壱斗六升六合八夕　甚大郎

上田	弐畝廿歩	三斗七升三合四夕	九郎二郎
上田	弐畝廿二歩	三斗八升二合八夕	与三兵へ
上田	二畝拾三歩	三斗四升八夕	山本
上田《ひろ小路》	五畝拾六歩	七斗七升四合七夕	甚七郎
上田	壱畝拾歩	壱斗八升六合七夕	和泉
上田	壱畝拾歩	壱石四斗六《四升》合七夕	宗春
上田《ひろこうし》	七畝二歩	九斗八升九合四夕	法光院
上田	四畝拾二歩	六斗壱升六合壱夕	山本
上田	八畝拾八歩	壱石二斗四升四合三夕	九郎□
上畠	七畝	八斗四升	□
上畠	壱畝九歩	壱斗五升六合	□
上畠	壱畝廿壱歩	弐斗四合	彦四郎
上畠	壱畝廿二歩	弐斗八合	彦左衛門尉
上畠	弐畝	弐斗四升	甚大郎
上畠	壱畝廿四歩	弐斗一升六合	山本

馬場ノ内

上畠《はゝの内》	二畝壱歩	弐斗四升四合	和泉
上畠	二畝拾二歩	弐斗八升八合	山本
上畠	六畝拾三歩	七斗七升二合	同人
上田《ひろこふち》	六畝廿歩	九斗三升三合三夕	孫左衛門
中田	三畝二歩	三斗九升八合八夕	二郎四郎
下畠	壱畝廿壱歩	壱斗七升二夕	同人
下畠	三畝廿歩	三斗六升六合八夕	三□
荒畠	弐畝六歩	弐斗二升四合	□
荒畠	拾弐歩	四升二夕	十あミ《丸山》
上田	四○畝拾六歩	六斗三升四合七夕	同人
上田	五畝廿二歩	八斗二合七夕	甚介
上田	二畝拾六歩	三斗五升四合七夕	孫左衛門
上畠	壱畝廿歩	弐斗	山本
上田	壱畝拾八歩	弐斗二升四合壱夕	九郎左衛門
荒田	壱畝廿二歩	弐斗八合	山本

上田	四畝拾八歩	六斗四升四合壱夕	九郎左衛門
上田	壱畝二歩	壱斗四升九合四夕	孫五郎
上田	壱畝拾歩	壱斗八升六合七夕	同人
上田	二畝拾八歩	三斗六升四合壱夕	□
ひろ小路 上田	壱段五畝廿八歩	弐石二斗三升七夕	□
上田	七畝廿三歩	壱石八升七合五夕	九郎左衛門
上田	五畝拾六歩	七斗七升四合七夕	孫五郎
上田	三畝拾五歩	四斗九升	甚介
上田	五畝三歩	七斗壱升三合九夕	孫五郎
上田	五畝五歩	七斗弐升三合四夕	助左衛門
上田	三畝十八歩	五斗三合九夕	宗春
上田	四畝廿七歩	六斗八升六合三夕	山本
上田	弐畝拾八歩	三斗六升四合壱夕	同人
上田	壱畝廿八歩	弐斗七升壱合	彦左衛門
荒田	二畝	弐斗四升	山本

林尻

中田　七畝　九斗壱升　□
中田　壱段壱畝六歩　壱石四斗五升六合四夕　□
林しり中田　五畝拾歩　六斗九升三合四夕　三衛門
同中田　二畝拾歩　弐斗三合四夕　新介
同荒田　四畝拾二歩　五斗二升八合　三衛門
同荒田　三畝廿四歩　四斗五升三合　新介
中田　二畝　弐斗六升　孫左衛門
同荒田　二畝拾二歩　弐斗八升八合　同人
荒田　二畝廿歩　三斗二升　十阿弥《りやうせん》
荒田　二畝　弐斗四升　甚左衛門
荒田　四畝廿歩　五斗六升　又衛門
中田　二畝八歩　弐斗九升五合四夕　教乗
中田　三畝　三斗九升　□
林しり中田　五畝　六斗五升□　□
中田　壱畝廿六歩　弐斗四升三合二夕　教乗

川端

中畠	壱畝拾歩	壱斗七升三合四夕	治部卿
上畠	壱畝拾八歩	壱斗九升八合	同人
上畠	二畝拾四歩	弐斗九升三合	教乗
上畠	三畝拾歩	四斗	教乗
上畠	三畝六歩	三斗八升四合	竹坊
上田	六畝拾歩	八斗八升六合七夕	藤五郎
上田	六畝拾二歩	八斗九升六合壱夕	同人
川はた 中畠	拾二歩	四升四合壱夕	孫左衛門
上田	二畝拾五歩	三斗五升	粟田口 五郎大夫
上田	三畝廿二歩	五斗弐升二合八夕	
上畠 同	三畝拾四歩	四斗壱升六合	
上畠 同	八歩	四升	甚左衛門
上畠 同	弐畝拾八歩	三斗壱升二合	藤左衛門
上畠 同	壱畝拾歩	壱斗六升	与四郎
上畠 同	壱畝拾九歩	壱斗九升六合	教乗

はゝい殿
あかゝね田
こんかう所

同	上畠	三畝拾八歩	四斗三升二合	三右衛門
同	上畠	弐畝拾四歩	弐斗九升六合	与五郎
同	上畠	四畝拾歩	六斗六合七夕	同人
同	上畠	廿四歩	九升六合	同人
北田	荒田	壱畝弐歩	壱斗弐升八合	孫二郎
同	中田	五畝拾歩	六斗九升三合四夕	同人
	上田	七畝九歩	壱石弐升壱合九夕	□
	中田	壱段拾歩	壱石三斗四升三合	□
	中田	壱段廿歩	壱石三斗八升六合八夕	彦左衛門
はゝい殿	上田	二畝廿四歩	三斗九升二合二夕	藤五郎
	上田	二畝廿歩	三斗七升三合四夕	山本
	中田	五畝二歩	六斗五升八合八夕	同人
あかゝね田	上田	壱反七畝拾六歩弐石	四斗五升四合	彦七
	中田	五畝七歩	七斗八升八夕	又衛門
こんかう所	上田	七畝九歩	壱石壱升九合六夕	四郎左衛門

当荒　河原壱段五畝　弐石二斗五升　二郎五《あまるへ》郎

上屋敷　二畝七歩　三斗三升五合　五左衛《たゝみや》門尉

上屋敷　二畝七歩　三斗三升五合　今

上同　壱畝廿八歩　弐斗九升　□

上同　弐畝五歩　三斗弐□（升）　□

上同　拾二歩　六升　□

上同　三畝拾歩　五斗　新衛門

下田同　二畝　弐斗四升　兵部卿

合百弐拾五石五斗三升四合三夕

此帋数墨付廿一枚　上かミ共ニ

一七九　山城国愛宕郡祇園社領御検地帳（冊子）

（表紙）「天正十七年十二月　日

祇園社領

屋敷
広小路
林尾
三条道ノ上

上田助三郎」

屋敷
上　弐畝四歩　参斗弐升（此内壱斗八升一合壱夕　治部卿分／残壱斗三升八合九夕　助三郎）　音阿弥

屋敷
上　壱畝拾八歩　弐斗四升　音阿弥

屋敷
上　壱畝　壱斗五升（此内七升九合八夕　助三郎分／残七升二夕　梅坊分　兵部卿分）　与次郎

（貼紙）
「屋敷分合四斗五升八合七夕」

ひろこうち
上田　七畝廿三歩　壱石八升七合五夕（此内七斗一夕　治部卿分／残三斗八升七合四夕　助三郎分）　九郎左衛門

ひろこうち
上田　壱畝拾歩　壱斗八升六合　孫五郎

ひろこうち
上田　壱段五畝廿八歩　弐石二斗三升七夕（此内一石七斗八升二夕　助三郎分／残四斗五升三合五夕　梅坊分　兵部卿分）　助三郎

（貼紙）
「北上田畠合弐石三斗五升一合三夕、此外三合過上有」

林尾
中田　壱段壱畝六歩　壱石四斗五升六合（此内四斗六升二合九夕　定林坊分／八斗一升八合　助三郎分／一斗七升五合五夕　梅坊分　兵部卿分）　竹坊

（貼紙）
「北中田合八斗壱升八合」

（貼紙）
「西院」

三条道の上
下田　八畝　八斗（此内一斗一升六夕　宝光院分／二斗六升六合九夕　治部卿分／三斗九升一合八夕　助三郎／三升七夕　梅坊分　兵部卿分）　甚七郎

北林尻
高畠
今小路
阿弥陀寺
馬場先
南馬場先

北林しり 上畠 二畝五歩 二斗六升（此内二升七合八夕 治部卿分 / 残二斗三升二合二夕 助三郎分） 孫左衛門

北林尻 上畠 六歩 二升壱合〻夕 孫五郎

高畠 上畠 二畝 二斗四升 三郎二郎

林尻 上畠 壱畝十八歩 壱斗九升二合 孫五郎

今小路 上畠 廿四歩 九升六合（此内八升六夕 助三郎 / 残一升五合七夕 梅坊分 兵部卿分） 与五郎

あミた寺 上畠 六畝拾歩 （貼紙）「上畠合七斗六升四合六夕」 七斗六升（此内七斗五升五合 定林坊 / 残五合 助三郎分） 甚左衛門

あミた寺 上畠 三畝四歩 三斗七升六合 藤五郎

馬場さき 上畠 三畝八歩 三升八升四合 甚介

あミた寺 上畠 九歩 三升六合 三介

あミた寺 上畠 八歩 三升二合 三介

あミた寺 上畠 三畝九歩 三斗九升六合 甚左衛門

はゝさき 上畠 弐畝廿歩 三斗二升 二郎左衛門

南はゝさき 上畠 壱畝廿（ママ） 弐斗（二斗）二升 きおん みこ

あミた寺 上畠 九歩 三升六合 藤五郎

あミた寺 上畠 拾八歩 七升二合 藤左衛門

あミた寺 上畠 四畝廿三歩 五斗七升二合（此内二斗四升五合七夕 助三郎分／残三斗二升六合三夕 梅坊分 兵部卿分） 四郎衛門

南谷ノ向

南谷のむかい 中畠 九畝拾二歩 壱石四合（此内九斗九升二合四夕 定林坊／残一升一合六夕 助三郎分） 孫大郎

（貼紙）「南中下畠合壱石八斗六升三合五夕」

南谷の向 中畠 壱畝廿二歩 壱斗九升一合二夕 今与左衛門 与三左衛門

谷のむかい 中畠 五畝十七歩 六斗一升九合七夕 けんにん寺 与三郎

谷向

谷向 中畠 弐拾歩 七升三合二夕 丞

谷の向 中畠 四畝廿四歩 五斗二升七合九夕 与三二郎

霊山ノ下

霊山の下 中畠 三畝拾歩 三斗六升六合七夕 五左衛門

霊山の下 中畠 壱畝拾歩 壱斗四升六合七夕（七升三合二夕 助三郎／残七升三合五夕 梅坊分 兵部卿分） 霊山 文阿弥

鷲尾

わしの尾当あれ 下畠 六畝 六斗（此内二斗六升五合七夕 定林坊分／三斗三升四合三夕 助三郎分） 弥兵衛

南八坂

南八坂当荒 下田 三畝廿四歩 四斗五升六合（六升六合四夕 御社家分／一斗六升一合八夕 助三郎分／二斗二升七合八夕 梅坊分 兵部卿分／一合九夕不足分） せんあミ

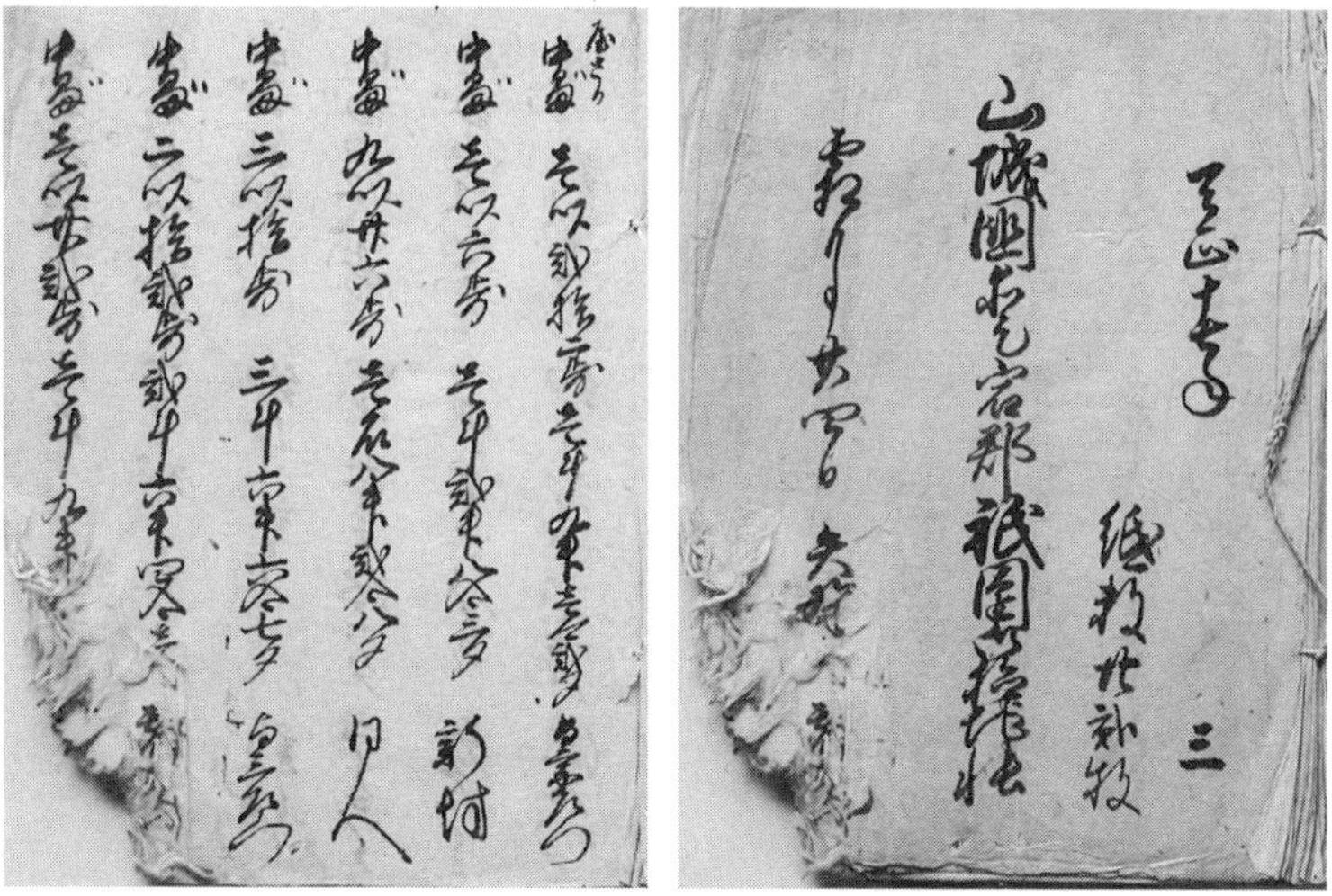

一七八　山城国愛宕郡祇園御検地帳

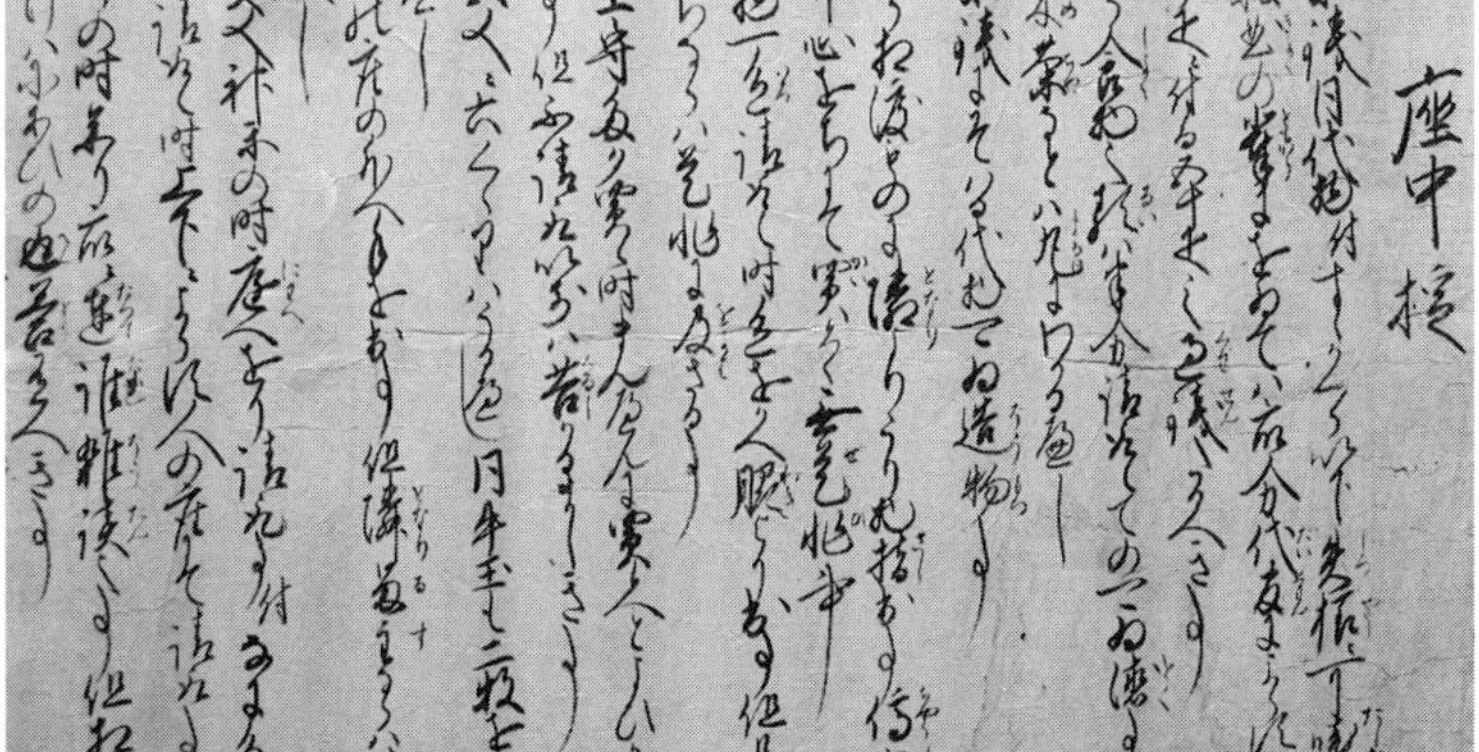

一八五　神楽座中掟

「（裏表紙、異筆）壱斗三升七合」

一八〇 後陽成天皇俸物折紙 （折紙）

後陽成天皇太刀等ヲ奉納ス
御師秀延

御太刀 一腰
御馬 一疋
以上

「（貼紙）禁裏様より院御所様御願時、為御祈禱当社へ御勅使中山大納言殿（親綱）御参候、御奉物御太刀一腰、御馬代五百疋かたニハ八木五石請取申候則請取出申候、如例祝儀付、以上、

天正十九年六月廿日

御師
秀延（花押）」

一八一 豊臣秀吉朱印状 （折紙）

山城国西院之内八石八斗壱升、あまへ屋敷替祇薗廻百参拾壱石壱斗九升、本知残分合百四拾石事、充行之□（訖）全可社納候也、

天正十九
九月十三日　（豊臣秀吉）（朱印）

祇薗
社中

一八二　境内指出案

（端裏書）
「天正廿年正月廿五日、法印様より被仰付、御前《せん》帳ニのせ申候、□（虫損）せつもり被仕候案文」

社務屋敷

南屋敷

中堀

しは
壱反　壱石□□□　出雲

社務屋敷の両社の五ケ所

四畝　六斗　二郎大郎

南屋敷
壱反　壱石弐斗　同人

南屋敷
四畝　六斗　〻同人

与七

同
五畝　七斗五升　〻同人

与七

〻〻同人

中ほり
弐反　弐石八斗　二郎大郎　同人

出ほり道
北ノ屋敷
南ノ屋敷

壱反こやの冂新屋敷　壱石五斗　同人
壱反五畝出ほり道西　弐石壱斗　同人
　この分御前帳《境》内帳入、
　土ほり社人帳ニある分　五畝一ヶ所　源五郎
　　　　　　　　　　　　廿歩一ヶ所　平三郎
　　　　　　　　　　　　此分彦四郎方《水》帳ニ在之
先年又助殿御打候さほ帳ニ
四斗二升北ノやしき　ほり母者人へのふん
八斗南ノやしき　ほ《ぅ》り
七升同　与四郎
一斗二升七合同　五郎二郎
九升四合同　けんさへもん
（裏書）「右、さし出、けい内分也、
　天正廿年正月廿五日、法印様より被仰付、御前帳ニのせ申候案文」

大政所様後陽成天皇御太刀等ヲ奉納ス

一八三　後陽成天皇俸物折紙（折紙）

御太刀　一腰
御馬　　一疋

已上

（貼紙）「天正廿年七月十一日、大政所様御願時、禁裏様より為御勅使までのこうし（万里小路充房）殿御社参候、御奉納者、御太刀一腰、御馬代一疋、御勅使時分ニ御太刀一腰参候、御勅使祝儀如例、右奉納何も秀延拝領申候、政所様御願、又後ニ御願時也、大閤様ハかうらい（高麗）入御、るすなり

天正廿年七月十一日

御師
秀延（花押）」

一八四　米算用状断簡

○前闕ク、

文禄弐年分

三斗七升三合一夕口米加て　畠二ヶ所之分也、

此内一斗八升三合三夕六才　かいのねの下行に引候へハ、残て未進、

一斗八升九合七夕四才在之、是五和利ニして

九升四合八夕六才利分也、

文禄参年までに

合弐斗八升四合六夕カ

文禄弐年分

一斗　　田二ヶ所分也、

文禄参年分

三斗七升三合一夕口米共　畠二ヶ所分

同年分

二斗二升七合大豆二斗五升代　田二ヶ所分

合九斗八升四合七夕

此内へ霜月十五日、四斗計候、是引候て、

ミフノ升
ネングノ升

神楽銭
鈴神楽

残て五斗八升四合七夕可来候、　教乗
文禄参年霜月十六日ニ書是ヲ、

ミフノ升ニ参斗弐升か
ネングノ升ニ壱斗八升三合三夕六才かゝり候也、

一八五　神楽座中掟

（包紙ウハ書）
「神楽座中掟」

座中掟

一、神楽銭、同代物、付、すゝ（鈴神楽）かくら以下失様《しつやう》ニ可嗜《たしなむ》事、若私曲《しきよく》の輩《ともから》にをゐてハ、衆分・代官《だいくわん》によらす、ひた銭十疋ニ付而五十疋之過銭《くわせん》たるへき事、

一、かくら食《しよく》物之類《るい》ハ半分請取候ての可為徳《とく》事、但、麦《むぎ》・米《こめ》・茶《ちや》なとハ丸《まる》にわかるへし、

一、神楽銭にそハる代物可為造物《ぞうもつ》事、

一、かくら相渡ものに隣《となり》よりうり（売）物指《さし》出事停止《ちやうじ》、但、旦那《たんな》心をちにて買候ハヽ、

無是非《ぜひ》事、
一、売《うり》物一色《いろ》請取候時、色をかへ脇《わき》より出事、但、旦那心をちならハ是非に及《およは》さる事、
一、牛玉・守多ク買候時、まんへん（満遍）に買候へとよひ（呼）かけうる（売）事、但、不請取以前ハ苦《くるし》かるましき事、
一、守五人ニ六くゝりハうる（売）へし、同牛玉も二枚を五人ニうる（売）へし、
一、面々の座の外へ手を出事、但、隣《となり》留守《るす》ならハ仕合ニよるへし、
一、壱貫文神楽の時、庭《にわへ》へをり請取事、付、なに（何）色にてもあれ、請取候時、上下ニよらす人の座にて請取事、
一、かくら（神楽）の時参り衆ニ達誰雑談《たつてたれぞうたん》之事、但、相手より申かけハにあひ（似合）の返答《へんとう》有へき事、
一、をんきよく（音曲）あた鼓《つゝみ》幷足膝《ひざ》むくりあけ、足なとうち狼藉《ろうぜき》の仕合の事、去《さり》なから雨も降《ふり》、人も不参、別《へつし》て徒然《とせん》なる時ハ互《たかい》の事たるへし、
一、鼓《つゝみ》の皮《かわ》しらへ、よこれぬ様に爪《つめ》をも取、手をもあらい、随《つい》分可嗜《たしなむ》事、
一、かくらの事、代物によらす百文の内にて可参候と申時、庶而《さへぎって》すゝかくらに

すゝめ申儀停止《ちやうじ》、但、百文之通《とをり》、不相添《そへ》けに〳〵帰《かへり》り候ハヽ、よびかけ、すゝ神楽ニすゝめ可申者也、

銭箱

一、銭箱《はこ》之時、酒手の事、神楽十之内にてハ御引《ひき》有ましき事、

御衣

一、御衣之事、惣殿若女郎ハ新四郎・与一まて可捕《とる》、此以後ハすへ（末）の神子殿あまた候共、廻番《くわいはん》〳〵に可有御取事、

読銭式日

一、読《よみ》銭式《しき》日事、正月朔日、二月十一日、六月七日十四日、節《せつ》分、

白粉銭

一、をしろい（白粉）銭之事、正月一日、同十六日、五月十六日、六月七日、九月十六日、節分、

但、神楽廿之内、八ツ御取候ましく候、

右、條々堅《かたく》令停止《ちやうじ》、若於違背《をいていはい》者、為惣中御理《ことわり》可申、其時聊《いさゝか》も腹立《ふくりう》有間敷者也、仍壁《けん》書《しょ》如件、

天正十三穢（歳）極月廿四日　各中

定条々

御神楽役

一、御神楽役ハ上次第、三十日替《かわる》たるへき事、

一、執行坊江相定《さため》下女役米之事、為座中可出之事、

片羽屋ノ惣中

勝負事

片羽屋一和尚

卯すへ

中間衆

一、右米之内、壱ヶ月ニ一日分ハ三升つゝ、壱年中合三斗六升の分ハ神子殿より可罷出之事、

以上

文禄《ろく》四年卯月廿七日　　座中

一、五月五日之御神供《ぐう》、四月七日両度安居、東之もの、右之御神供片羽屋之惣中へ取之者也、

一、勝負《しやうぶ》の事、宮仕より片羽屋一和尚請取、承仕法橋《ぢやうしほつきやう》へ相渡、則執行坊へ捕《とるう》者也、

一、卯すへの事、宮仕より片羽屋一和尚へ請取、中間衆へ相渡者也、

一、当坊様江我等座中分相立申候公事役之下女、一々相尋《たつね》候へとも無御座候、随分尋《たつね》申候間、尋出次第進上可申候、此旨於偽申者、当社牛頭天王幷日本国中大小神祇為御罰《ばつ》、各《をの〳〵》現世《げんぜ》ニテハ白癩《らい》・黒癩《こくらい》ト成、来世ニテハ無間地獄《むけんぢごく》堕罪《だざい》可仕候、仍起請文如件、

文禄四年

卯月十八日

右之案《あん》文　法印様為御意、梅願・民部《みんぶ》卿御両人より請取申候也、即《すなハち》執行坊
江座中各加判形《はんぎやう》上申候、以上

一和尚　じやうとんます　六文
二和尚　同　五文
三和尚　同　五文
四々　同　四文
五々　同　四文
六々　同　三文
七々　しやうしんます　二文
八々　同　二文
九々　是より下ハまさす、別ニ廻ル　壱文
十々　一文

以上

文禄（マヽ）四月廿八日　配《はい》分次第

里神楽徳分次第

合天正十六年六月吉

一和尚　十二文
二和尚　十一文
三和尚　十文
四々　九文
五々　八文
六々　七文
七々　六文
八々　五文
九々　四文
十々　三文
十一々　三文
十二々　三文

以上

一八六　後陽成天皇俸物折紙（折紙）

太閤御願

御太刀　一腰

（貼紙）「文禄四年大閤御願ニ付御祈勅使中山殿（親綱）、其次第書　秀延　」

（押紙）「文禄四年十一月十一日　事わり中ニ有」

一八七　山科七郷書状（折紙）

香西元長、山科郷へ発向セントス

改年御慶珍重候、仍当郷事、先々守護不入在所也、雖然為香西又六（元長）方就発向之儀、一段致覚悟之處、種々雑説其聞候間、以折帋令申候、其方御知行之内、　上意違背輩御許容之儀、或猶当郷競望之企輩在之者、可預御成敗候、若彼方衆於見隠之在所者聞懸、乍恐為此方堅御侘事可申候、恐々謹言、

正月四日　山科七郷

祇園執行御坊人々御中

少将井御旅所ノ勧進ヲ神主禅住千代松丸・比丘尼十穀心月ニ申付ク

守・牛玉ヲ請取ル

一八八　藤田重遠書状（折紙）

祇園社少将井御旅所勧進之事、神主禅住千代松丸・比丘尼十穀心月ニ被申付候、可被成其御心得之由、伊勢守可申旨候、恐々敬白、

正月十二日　藤田五郎左衛門尉　重遠（花押）

祇園　執行御房　御房中

一八九　松田長秀書状（折紙）

御慶御満足可参賀申候、仍佳例拝領候御守・御牛玉申請度、被懸御意候者、可為祝着候、以則拝御礼可申候、恐々謹言、

松田丹後守

正月十三日　長秀（花押）

祇園社執行御坊

御宿所

一九〇　鴨井景有書状（折紙）

自大方殿円鏡一面、如例年被進候、恐々謹言、

鴨井

正月十七日　景有（花押）

祇園社

執行御房

まいる

一九一　氏名未詳書状

一、上意様へ自社家御祈禱之物進上被申候、御申次斎藤殿御座候、

一、当社神領之事、山科音羽郷之内ニ、壱町三反余、往古以来当知行無相違候、然

内ニ神領アリ

ニ御料所御取納、旧冬御延引ニ候間、社領をも納不申、此段安枕斎様へ自社家被申乳候、去々年ハ、御代官衆折紙被出候、為恩披見写進候、
一、於御不審者、百姓へも可被成御尋、此旨御存候、

正月十九日

富内まいる

円鏡ヲ進ム

一九二 忠種書状

尚々申候、永明寺よりハ去十一日ニ被上候へとも、屋形之分遅上候間、于今延引候、永明寺分□去十一日の日付ニあらハして、御返事を別帋ニ可給候、聽而下可申候、

誠改年之後、富貴万福幸甚候、尚以不可有尽期候、就中屋形より円鏡一面、同宮内太輔方より一面、永明寺より二面被進候、弥御祈禱之事、精誠奉憑之外、無他ノ由私より能々可申旨候、併以参謁御慶重畳可申入候、恐々謹言、

正月廿日

忠種（花押）

祇園
執行
御坊中

一九三　細川澄元書状（切紙）

就上洛儀無由（油）断調半候、然者各相談抽忠節者、可為神妙、猶赤沢新次郎可申候、謹言、

正月廿三日　澄元（細川）（花押）

一九四　宗徹書状（切紙）

（包紙ウハ書）
「祇園
宝寿院　御返報
奈良一右衛門尉
長高」

○包紙ハ他ノ書状ノモノナルモ、シバラクココニ収ム、

朝倉義景

（切封跡アリ）

追申候、御樽弐十疋拝領、忝存候、可然様可預御取合候、

就越前国御寺領之儀被仰出候趣、具申聞候、就其対朝倉左衛門督（義景）書札之儀被仰越候、相調御使江渡申候、并拙者書状前波・小泉両人方江遣候、随而御太刀一腰拝領被申旨、以直札被申候、可然之様可預御取合候、以如此旨、於相調者珍重候、若於相違之儀者、重而被仰下、可致馳走旨、御披露肝要候、恐々謹言、

閏正月十一日　　宗徹（花押）

尊勝院殿
雑掌御中

御返報

細川高国ノ知行ヲ安堵ス

一九五　細川氏綱書状（切紙）

如三友院（細川高国）殿時知行不可有相違候、忠節肝要候、猶玄蕃頭可申候、謹言、

二月三日　　（細川）氏綱（花押）

一九六　任芸書状

怪異御祈、従来十六日一七ケ日勤行事、右少弁御教書到来候、可有御存知、兼可有御下知祇園社之由被仰下候也、被得其意候哉、恐々謹言、

二月十日　任芸

宰相僧都御房

一九七　波々伯部調瑣書状（折紙）

上洛之時、可申候を、とりみたし候て、うちわすれ候、永正十四年之分、十六石三斗渡申候、其ふん御心へ候て御申あるへく候、なを委敷ハ重而可申候、恐々謹言、

二月十四日　波々伯部林蔵軒　調瑣（花押）

きおん二郎衛門とのへ

守・五明ヲ贈レルヲ謝ス

長慶院領

一九八　伊勢貞仍書状

(押紙)「伊勢下総入道貞仍 元貞頼、号宗五、」

御護御進上目出存候、則披露申候、仍私江御護・五明一本送給候、祝着此事候、巨細猶新右衛門方可被申候、恐々謹言、

二月廿四日　(伊勢)貞仍（花押）

玉寿殿

進之候

一九九　飯尾貞運書状（折紙）

長慶院領当所境内敷地々子銭事、為春蔵主所行譴責之由候、於此地者被遂御糺明、理運次第可有御成敗之処、嗷々儀曲事候、天竺上野介方へ届申候間、為地下可相拘候、若致沙汰候者、可為二重成之旨可被申付候、恐々謹言、

二月廿四日　(飯尾)貞運（花押）

祇園社執行御房

谷地蔵院

二〇〇　谷地蔵院寿宝書状（折紙）

返々其以後者、此□便宜候間、状共□一向ニ此方へ左右□無候間、無心元存□国儀ハ内々
承及候へハ、大略被渡由申候、若御使者御上洛候ハヽ委可承候、

先度者参、結句御煩ニ罷成候、祝着至候、仍御殿原先日如申十一日ニ御下向候
哉、其以後ハ国中より御左右も無候哉、あまりニ無御心元候て、態人を進之候、
如何之御音信も候やと存候て如此申候、先日山城方まて罷越候て相尋申候
へハ、十二日ニ御下候哉と被申候つる、左様ニも候哉、何も〳〵承度候て、態人
を進之候、委細御返事ニ可承候、恐々謹言、

後二月廿四日　　谷地蔵院より
寿宝（花押）

祇園執行御坊
三位殿まいる
御坊中

大内安芸・石見ニ在陣、諸口ヲ申付ク
小童保

二〇一　馬来信綱書状（切紙）

（包紙ウハ書）
「　　　　　　　馬来出羽守
祇薗執行
　宝寿院
　　参　　貴報　　　　信綱」

（切封）
正月十六日之貴札謹而拝見仕候、抑不寄存知御尋、誠過分之至候、尤早々御報雖可申入候、大内方就取相芸石表、致在陣諸口如本意申付、去廿九日致帰宅候、乍恐可御心安候、随而備州小童保之事被仰下候、彼在所無案内候之間、相尋自是可致啓上候、申神慮初而被仰下儀候之条、不可存疎意候、備州之事茂各角成行及取相候、此方於致異見旁者、経（尼子）久不可致無沙汰候、次雖左道之至候、海苔箱一、進覧仕候、国元之儀、惣阿存事候間、省略候、重可得御意候、恐惶謹言、
　　三月六日　　　　（馬来）信綱（花押）

祇薗執行
宝寿院
参
貴報

二〇二　飯尾清房書状（折紙）

被仰出子細候、早々可被出雑掌候、恐々謹言、
閏三月十七日　清房（飯尾）（花押）
祇園社執行御房

二〇三　細川氏綱書状（切紙）

至其表玄蕃頭相働候、此砌別而可抽忠節事肝要候、猶梅養軒可申候、謹言、
卯月廿三日　氏綱（細川）（花押）

二〇四　基国書状写（切紙）

其後不得参拝之次候、恐鬱存候、抑祇園社領五条坊門東洞院殺害人屋事、以使者申候、委細被尋聞食之、如先々渡給候者、目出候、毎事期面上之時候、

卯月卅日　　基国（花押影）

御奉行所

二〇五　細川氏綱書状（切紙）

井手城乗捕付而注進之趣得其意候、尤神妙候、弥無油断忠儀肝要候、猶梅養軒可申候、謹言、

五月二日　　（細川）氏綱（花押）

祈雨

二〇六　飯尾之清書状

先度預御状候、悦喜候、則御返事可申處、供に本所へ罷出候て、御返事不申候、恐入候、次やうめい院被懸御意候、先度者子細懇ニつふさに申處、御すいきよ（吹挙）候、ふしき（不思議）に存候、委細者懸御目可申入候、恐々謹言、

五月二日　（飯尾）之清（花押）

二〇七　任芸書状

祈雨事、御教書到来、別可有御祈念兼可有御下知祇園社之由被仰下候也、得御意候哉、恐々謹言、

五月十一日　任芸

宰相僧都御房

小五月会以下神事抑留ニヨリ、祇園会モ抑留アルベシ

二〇八　延暦寺根本中堂閉籠衆折紙案（折紙）

就神訴、小五月会以下神事抑留之上者、祇園会之事、可有抑留者也、仍先撥之事、不可叶之由、先度雖触送、重而令徹送者也、万一不応下知者、可處厳科之由、依衆儀折帋之状如件、

五月十二日　根本中堂閉籠衆

祇園社
執行方

二〇九　大館晴光書状

（包紙ウハ書）
「祇園
宝寿院御報　大館左衛門佐
晴光」

（切封跡アリ）

尊札先以本望候、仍当社祭礼、如例年以奉行伺御申候由、尤珍重候、内々儀涯分

不可有疎意候、次両種壱荷送給候、目出祝着至候、祝儀期後信候之間、閣筆候、恐々謹言、

五月廿日　　（大館）晴光（花押）

祇薗
宝寿院
御報

二一〇　三好義継書状（切紙）

至其表敵相働とて気遣之処ニ、堅固之旨、誠無比類候、諸口調略相分候之条、弥無越度之様調儀詮用候、尚金山駿河守可申候、恐々謹言、

五月廿一日　　（三好）義継（花押）

二一一　宝寿院玉寿書状写

当社御祭礼之儀、為　上意去廿二日被成御奉書候、誠以時節到来順熟之砌与忝祝着奉存候、乍去以榊為奉成神輿無社例之旨、去々年既具言上仕候キ、然而

榊ヲ以テ神輿トナス社

例ナシ

申状ヲ調エ上ルモ指令ナシ

当年重而被仰出候間、然者　神輿供奉種々同、諸役者御下行如何可有御座之由令申候處、載文可申之由奉行異見之間、去廿四日仁調申状雖申上候、至今日迄是非子細不被仰出候、万一構私曲令如在之様仁達　上聞、幷御屋形様入御耳候てハ可為迷惑候、聊不存疎略之旨、堅　御屋形様へ申入度候、尚々任先例、為　御屋形様以御扶持被仰付候者、弥千秋万歳可為御祈禱専一候、此旨預御心得御披露可為祝着候、恐惶謹厳、

五月晦日　玉寿(宝寿院)（花押影）

司専御坊

御同宿中

（祇園社記　雑纂六）

番仕代官職

二一二　順栄下知状

当社御番仕御代官職事、海尊以筋目被仰付候上者、当社照覧候へ、疎略私曲不可存候、此旨可有御披露候、仍状如件、

六月四日　順栄（花押）

御ちまいる

祭礼ハ抑留アルモ神事ハ遂グベシ

祇園会諸役者ヘノ下行物足付ハ神事以後ニ酒屋・土倉ニ仰付クベシ

二一三　延暦寺閉籠衆衆議下知状案

明日当社御祭礼事、雖可有抑留、被成奉書被仰子細在之間、先以可遂神事無為之節者也、惣而閉門已後無開門之儀、祭礼可奉執行哉之子細不伺申之条、併執行不弁故実之条、未練緩怠之至極也、為向後堅可及厳密之沙汰之由□（衆議）如件、

六月六日　閉籠衆

祇園執行

二一四　飯尾清房書状

祇園会事、依諸役者訴訟不可事行之条、以外次第候、然間、下行物足付之儀、自先々為馬上功程銭之内段、今日諸役者申上候、如此之儀、此間依不申候入（マヽ）不被知食候、所詮雖為神事以後、被仰付酒屋土倉厳密可被致其沙汰之上者、於明日七日、祭礼者、遂無為之節者可為神妙之段、任御下知旨可被申付諸役者、若猶申子

細在之者、為執行調遣請文可被全神事之由被仰出候、可被得其意候、恐々謹言、

(明応九年カ)六月六日　(飯尾)清房（花押影）

当社執行御房

二一五　飯尾清房書状（折紙）

被仰出子細候、早々可被出雑掌候、恐々謹言、

六月七日　(飯尾)清房（花押）

祇園社執行御房

二一六　宝寿院玉寿書状案

(端裏書)「六月七日申状安(案)文」

御祭礼御下行之事、任御下知之旨、大舎方へ御雑色幷神方○(雖)被遣候、末(未)一途之御返事不申候上者、御神幸之事、押(奉)可申候由、○(諸)神諸役人堅雖申候、上意御懇之

上者、先色々申有■■（為社家請文を遣申　分候、）（新役者へ）（かたへ申候、）
一、■■仍次ニ大宮駕輿丁申子細事を尽御下知之趣、申付候へ共、一向不能承
引之条、迷惑至極候、可然様之預御披露候、御神事無為ニ被仰付者、可被目出
度候、就中御神馬之事、可参候哉、旁承度存候、（致今日迎不参候、如何御座候哉、旁承度候、）急度御返事奉待存候、恐々謹言、

六月七日　　玉寿

飯尾加賀守殿（清房）

少将井舞殿
神子惣之一
職
御霊一

二一七　宝寿院玉寿書状　（八坂神社文書一二二五号）

（切封）

少将井舞殿神子惣之一職之事、御霊一譲与之由、賢（堅）歎申候間、先以去々年より
申付候処ニ、当年此方へハ不及注進、一職之御下知申請、惣座中をのくへき由、
御霊一申とて、如此惣座目安を上申候間、則為御披見相副参候、此旨御披露候

て、如先々無相違様候者、所仰候、恐惶謹言、

六月九日　　　玉寿（花押）

飯尾（清房）加賀守殿

南谷善浄坊
末寺光堂

二一八　延暦寺根本中堂閉籠衆衆議下知状案（折紙）

猶々侍従坊舎事、為光堂計之間、不可有相違者也、

南谷善浄坊之末寺光堂公事、号堂中下知及簱（狼）藉之由注進、言語道断之曲事也、所詮重而申来仁躰在之者、人相副可被上之由、依衆議執達如件、

六月十二日　　根本中堂
閉籠衆

祇園執行方

少将井神輿
参銭

二一九　宝寿院玉寿書状案（切紙）

就少将井御神輿参銭事□玄蕃殿方違乱雖神幸○押候□無御落居之上

者、六日御還幸之御□（迎）然者、御還幸可有延引候、迷惑此事候、可然様有御申沙汰□（公私ゝゝ）一段可目出度候、就中駒頭之事、以御下知□（雖）申付□可為如何候哉、旁御披露肝要候、恐々謹言、

六月十四日　玉寿

飯尾加賀守（清房）殿

少将井駒頭事

二二〇　氏名未詳書状

先年寺家と相論候、山支証可有御出帯候之由被仰出候、恐惶敬白、

六月十五日　□□（花押）

侍者御中

二〇八　延暦寺根本中堂閉籠衆折紙案

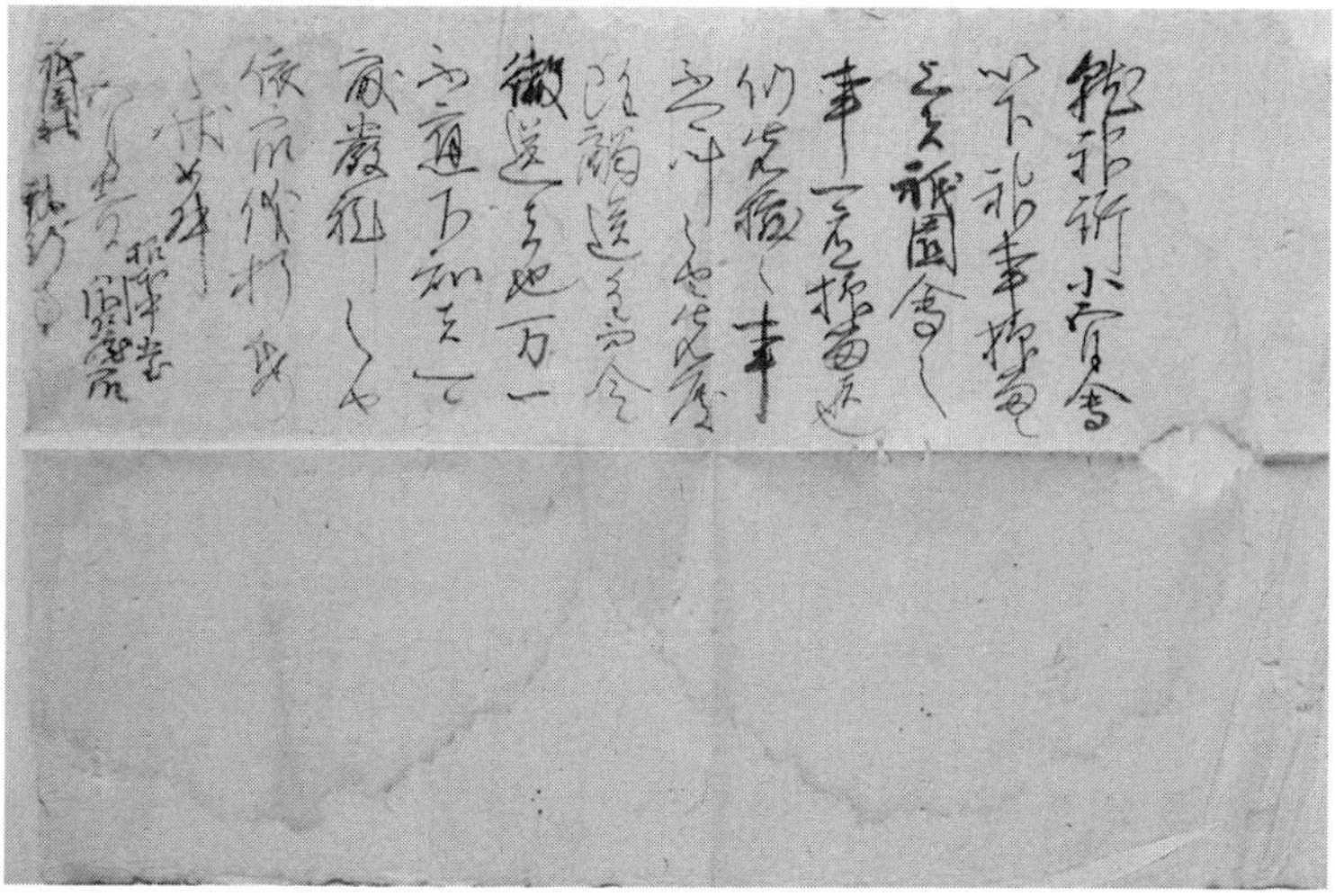

二三七　延暦寺閉籠衆折紙

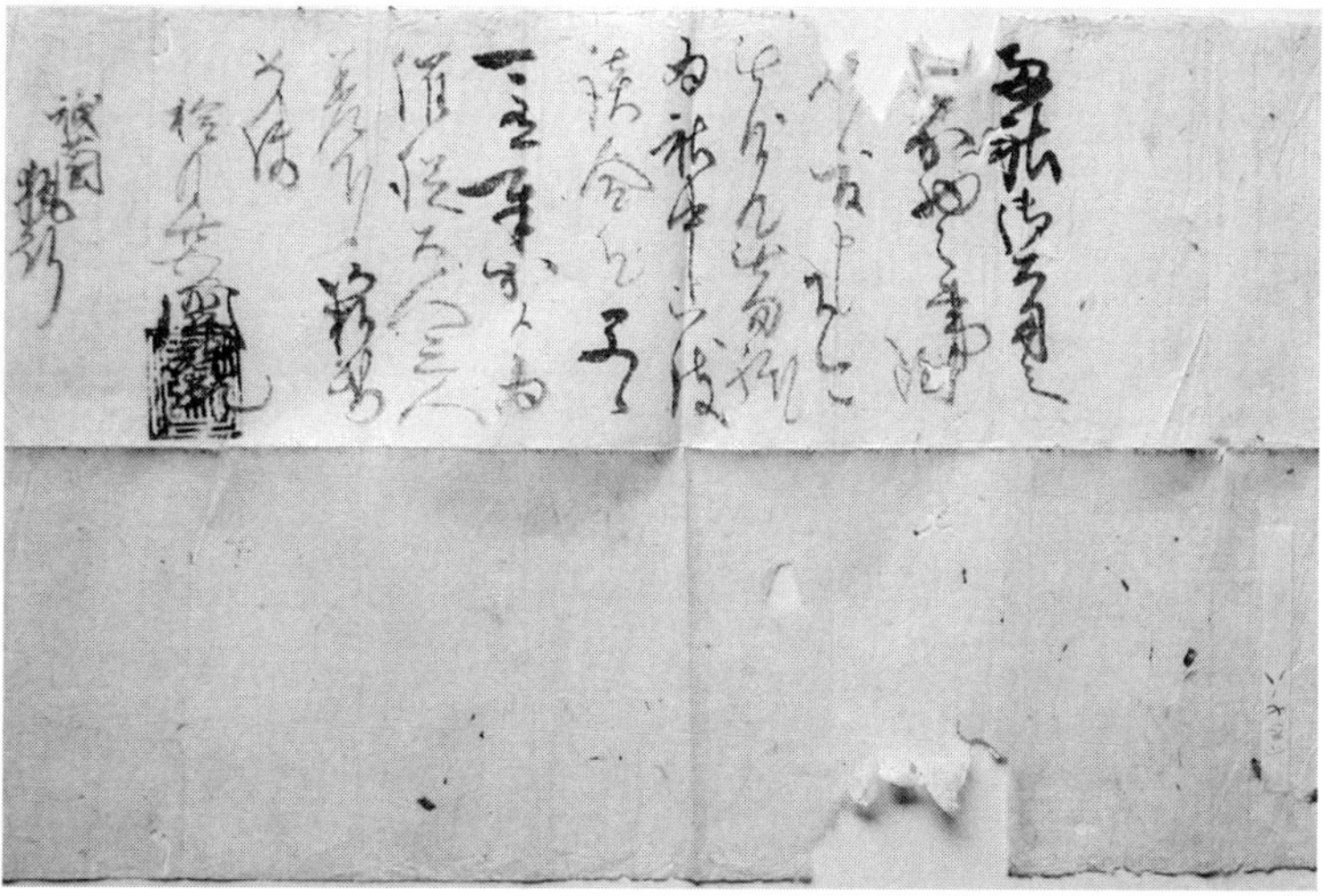

忠節ヲ抽ズレバ細川高国ヨリノ筋目相違ナキコトヲ椿井ニ伝ウベシ

神輿還幸ノ無為無事ヲ祝ス

二二一　細川氏綱書状（切紙）

於抽忠節者、三友院（細川高国）殿被仰付筋目、聊不可有相違候、此旨対椿井可被申聞候、恐々謹言、

六月十七日　　　　氏綱（細川）（花押）

玄蕃頭殿

二二二　横川宗興書状　（祇園社記一六）

昨日　神輿御還幸之儀、無為無事被相調之由、則致披露候、尤　公私目出之由心得候而可申入旨候、可得御意候、恐惶謹言、

六月廿日　　　　宗興（横川）（花押）

宝寿院
尊報

茅輪

二二三　大館晴光書状

「（包紙ウハ書）
祇園執行
宝寿院
御返報
大館左衛門佐
晴光」

（切封跡アリ）

当社御祈禱茅輪、以奉行御進上之由、珍重候、自然之儀、不可有如在候、私へ茅輪給之、目出祝着之至候、猶期来語之時候、恐々謹言、

七月三日　（大館）晴光（花押）

祇園執行
宝寿院
御返報

二二四　秀清書状

（切封跡アリ）

雖未申入候、以事次令啓案内候、於向後者連々可申入候、御同心候者所仰候、就

其者畑公事、地頭方田地内少々御懇札之由、代官申上候、何様次第候哉、驚存候、御返事ニ委細示給候者、可為恐悦候、猶々当知行于今無相違之處、如此承候、無心元存候、委蒙仰旨趣自是可申候、万一楚忽事代官申上候歟之間、屋形披露仕までもなく、先日私忩令申候キ、恐々謹言、

七月八日　　秀清（花押）

河野殿
進之候、

（礼紙ニ切封跡アリ）

二二五　氏名未詳書状案

就祇園社領加賀国萱野年貢之事、委細承候、尤依御口入、甲斐筑後方ニ申候て候處、国事又斎藤方へ被申談候ける、巨細社家ニハ不存知候、雖然契約之分年貢無相違者、不及是非候處ニ、去年々貢以外《一粒も》無沙汰ニて候間、心得難申候、神用以下既及闕所候、其子細可申下候處、剰筑後方討死之由風聞候間、所詮此在所之事者、厳重之神用事候程ニ、如先規以神人可有催促候、乍去幸ニ自以前御口

入之事候間、此子細堅御とゝけ候て、去年之未進分運上候へく候、依其左右可申候て候哉、何辺筑後方より年貢之沙汰なく候、其子細者、此方之請取不可有候、猶々以此趣可然様ニ可有御問答候、尚々■■筑後方よりハ、去年々貢一粒も無沙汰候上者、斎藤方より去年々貢悉御沙汰候て、自当年可為代官候哉、■■■可得御意候、万一兎角及難儀之儀候者、閂壱撰後無所詮候間、余人ニ可申談候歟、

七月廿一日

勢多尾張殿 御付

二二六　永舜書状

彼間之事、若方様御登山候間、申談執行代折帋取進之候、自其北口へ不日御下候、委細之趣、此使者申候、事々期面候、恐々謹言、

七月廿八日　　永舜（花押）

七日山鉾ノ儀ハ社家ト談ズベシ

上林坊亮覚

二二七　飯尾尭連書状（折紙）

祇園社祭礼事、被注進之趣、忩申入候處、七日山鉾之儀、地下人申通、先日松田対馬守披露候、其時御返事者、対社家可申談之旨被仰候キ、御免之由者不被仰出候、今以同前候、然上者、不及被成御宥御下知之由候、恐々謹言、

八月五日　　（飯尾）尭連（花押）

当社執行御房

二二八　上林坊亮覚書状

如仰一昨日光臨本望候、何様参可申候、仍彼間事、昨日如令申候、御状給候者、雖難有承引候、堅可申付心中候、巨細者井上可申候、恐々謹言、

八月廿三日　　（上林坊）亮覚（花押）

宝寿院御房

御返報

高辻烏丸大政所敷地一保

祇園社領洛中在所ヘノ

二二九　祇園社領洛中在所目録

（押紙）「奉行松田対馬（貞清）」

祇園社領洛中在所事

一、高辻烏丸大政所敷地一保　四町　百二十丈三寸、此外神殿分十六丈七寸、

一、高辻東洞院南東頬　口二丈五尺

一、高辻東洞院北東頬　口五丈

一、綾少路高倉西南頬　口五丈

一、四条東洞院西北頬　口二丈

一、錦少路東洞院南西頬　口四丈四尺

一、六角東洞院北東頬　口五丈二尺三寸

一、六角町南東頬　口三丈八尺

已上八ヶ所

惣都合丈数百四十七丈九尺六寸

（異筆）「此地口事、可被止催促候也、」

地口ノ催促ヲ止メシム

八月廿五日　(松田)貞清（花押）」

二三〇　吉田定雄書状（切紙）

「(包紙ウハ書)
吉田安芸守
祇園執行
宝寿院尊答　定雄」

（切封跡アリ）
於当社御神前御祈祷被抽精誠御巻数、被懸御意候、致頂戴候、尤目出畏入存候、御懇祈所仰候、恐惶敬白、

九月十三日　(吉田)定雄（花押）

祇園執行
宝寿院
尊答

広峯沙汰人
中

二三一　福岡某書状（切紙）

返々相応之御用儀候者可被仰付□、不可有疎略候、尚後信時可申間、閣筆候、恐
々謹言、

九月十六日　　　山
　　　　　　　福岡
　　　　　　　円□（花押）

二三二　縁親書状案（切紙）

当代官職之事、為地下及違乱由、御代官被申候、事実候者、可有注進候、

依為社家被仰出候、令進状候、兼又倚（ママ）方職之事、自《負先規（ママ）》公文方不可渡之由被申事、如
何様之義候哉、尋《究》事子細、悉可《有》注進候、為其態下人候也、

十月五日　　　縁親

広峯沙汰人御中

。前闕ク、

存知

五月廿六日　　福等判

祇園納所法橋御房

二三三　祇園社領洛中在所目録

祇園社領洛中敷地在所事

一、高辻烏丸一保四丁町大政所

一、高辻東洞院南東頬

一、高辻東洞院北東頬

一、綾少路高倉西南頬

一、四条東洞院西北頬

一、四条坊門朱雀南西頬畠南北弐拾丈陸尺、東西参拾丈、

一、錦少路東洞院南西頬

高辻烏丸一保四丁町大政所

天神社敷地　洛中地口　実相寺修造納所　湯立神子

一、六角町南東頬
一、六角東洞院北東頬
一、五条西洞院南西頬角天神社敷地（南北弐拾丈、東西弐拾伍丈、）
都合拾〔八〕ヶ所（加社畠等定也、）
此在所　実相寺修造要脚洛中地口事、可止催促候也、
十月七日
実相寺修造納所　判

二三四　飯尾之種書状（折紙）

来十七日、於当社自　上様御湯立可参候神子事、早々可被召上候、上洛候者、斎藤五郎方可被申左右候、恐々謹言、
十月九日　（飯尾）之種（花押）
祇園執行御坊

御神宮米

二三五　仏乗坊書状

（端裏書）
「仏乗房」

昨夕御下迎之由承候、返々目出度候、兼又彼間事、早々人を被下候へと申て候、
定被申付候哉、又御契状之宛所事、坊主へ被尋候て可承候由、理公方へ申て候、
今日相尋候て可申入候、何様以隙可参申候、恐々謹言、

十月十七日　（花押）

二三六　誠重書状（切紙）

尚々先度之左京亮御返事ひら八十文進申候、

此間者まち申候處ニ御使被下候、祝着之至候、仍御神宮米之事、拾石四斗分進
上申候、就中宿引米事、前々より引きたり候由申候、我々ハ新不（ママ）之事にて候間、
地下之時儀くハしくハ存知不仕候、いわれなき子細御座候者、重而うけ給候
て可申付候、委細御使可申候、恐々謹言、

十月廿二日　　　誠重（花押）

山本殿

御返報

二三七　延暦寺閉籠衆折紙（折紙）

公用ノ奉加物ノ催促ニ公人三人ヲ差下ス

両社御公用之□（奉）加物之事、雖先度申候、于今無沙汰、無勿躰候、為社中被致談合候て、早々可有奉加候、為催促公人三人差下候、仍折帋如件、

拾月廿五日　　　閉籠衆（印）

祇薗

執行

二三八　山中政重書状（切紙）

「（包紙ウハ書）

山中藤左衛門尉

祇園執行

宝寿院

御返報　　政重」

（切封跡アリ）

為御音信、御懇預御使候、本望存候、仍為御樽代三十疋送給候、令祝着候、随而彼在所之儀承候、聊以不可有疎意候、猶御使江申候間、不能巨細候、恐々謹言、

十一月一日　　政重《山中》（花押）

祇園執行
宝寿院
御返報

二三九　重定書状（切紙）

。前闕ク、

仍次郎三郎ニ委細申候へ共、状にて申入候、地下ニ上野と申人候、色々ゆわれなき事共申され候て、去年・当年ニおよひて、過分年貢かさを儀被納候か、一粒も無納所□やうの儀ニつき候て御□役拾石、先々おさめ□ましき由申被下候、自御本所兵庫方へ御使を被差下候て、社納所候事、曲事之由仰候て御御さいそく候へと之事候、委細之御事者二郎三郎より申上候、乍去一ゐんニ進すましきよしおそ申され候ハす候、以心得可然様に被仰候へく候、事

々期面拝之時候、恐々謹言、
霜月一日　　　　　　重定（花押）三郎左衛門尉
山本次郎四郎殿
御宿所

造営奉加物ノ催促ニ公人ヲ遣ス

二四〇　延暦寺閉籠衆衆議下知状案（折紙）

両社造営奉加物之事、為社中可励微力之由度々雖申付、依無沙汰、于今不能進納之間、重而為催促公人五人遣候也、早付此使可被上進之由、万一尚被難渋候者、任個然可及一段之催促之由、依衆儀執達如件、
霜月六日　　　　閉籠衆
祇薗執行

十穀秀播ニ

二四一　横川宗興書状（祇園社記　雑纂一）

八坂塔修造事、各以奉加之儀、十穀秀播ニ被申付候、仍自当社八坂へ道事、如元

八坂塔修造ノ事ヲ申付ク

近藤長良
今村秀次
祇園大路

被仰付候者、可為祝着之由、伊勢守可申入旨候、恐惶謹言、

十一月十一日　(横川)宗興（花押）

(祇園)執行御坊人々御中

二四二　近藤長良・今村秀次連署状（折紙）

当所之内本所分諸入組散在年貢・諸公事等事、来廿七日已前ニ此方へ被出、子細を申分、遵行打渡をめさるへく候、万一無沙汰候者、為此方可押給候、仍状如件、

十一月廿四日

近藤三郎左衛門尉　長良（花押）
今村藤左衛門尉　秀次（花押）

祇園大路
名主百姓中

播州須富庄

警固銭ハ昔ヨリ守護ノ知行

二四三　常住院書状案

（端裏書）
「自常住院殿管領へ御書案」

其後久不参会候、以便宜可入見参候、抑成田入道ニ成申播州須富庄事、重申入候歟、聊加扶持子細候之間、（無脱カ）忌憚令執達候、御教書事、早々申沙汰候者可悦入候、委旨期奉候、謹言、

十一月廿八日　常住院御判

勘解由少路殿

二四四　氏名未詳書状（折紙）

尚々むかしより守護とられ　かくれなき事　御本所かすめ候て被申候とて、一に御なり候事ハ、守護方へたいし一段くせ事候、

わさと人を進申候、仍けいこ（警固）銭之事、むかしより守護知行之儀候、委細御存の事を色々御まつわり候、津田殿御留守ニて御いり候とも、早々可被仰付候、但

尚々御承引あるましきにて、彼方へ御さた候ハヽ、一段かくこ《覚悟》つかまつるへく候、恐々謹言、

十一月廿九日　□□（花押）

津田殿
進之候

二四五　細川氏綱書状（切紙）

注進旨披見候、丹州之儀、重可手遣候、当城之事、堅固相踏可孱忠節事、肝要候、猶奈良修理亮可申候、謹言、

十二月四日　道□（細川氏綱）（花押）

二四六　中澤光俊書状

（祇園社記　雑纂七）

当社祭礼来十七日・廿四日可有執行之旨令披露候、就其下京山鉾駕輿丁諸役者以下事、如例年無事可遂其節之通、松田丹後守被仰出之候、於其方猶可被

仰談候哉、次御神馬儀、則申出、御使へ渡申候、珍重存候、恐々謹言、

十二月十二日　光俊(中澤)（花押）

祇園執行房
宝寿院
御返報

二四七　祇園社神輿損色注文目録　（八坂神社文書七八五号）

□神輿損色注文

□

□至徳二年六月廿六日　弥次郎久国在判

□明徳弐年辛未正月廿六日

□楢葉殿御口入銅細工　国安在判

□宮内卿殿御口入銅細工　覚源在判

□辛未正月廿六日　左衛門大郎在判

楢葉

御大工

□□七日　左衛門大夫国継在判
同□□□
同元年□□日　左衛門大郎　行増在判
五条坊門万里少路
道智在判

□応永三年七月八日　蓮阿ミ　妙賢
了実　左衛門三郎
以上四人在判
□(文)安四年卯月廿八日
次郎五郎　ゑもん五郎　たうけん
龍阿　大郎　以上五人在判
□長禄三年五月四日　坂本五郎次郎在判
□同　年五月　日　惣官宗友上奉
□同　年五月四日　御大工性在在判
□□安四年卯月廿三日
□年卯月十四日　記之

。後闕ク、

「(裏書)
　　　　　　　　　　」社神輿損色注文

損色注文の正文在判
公方様へあけ申注文
諸職人あけ申状、
公方様へ申状案《注文》
諸職人請取

此注文そろはす候、
はした物なり、

以上八束也、
　　　　　　　　　　」

二四八　氏名未詳申状案

一、今度我等子てうかう座入ニ付、従先々宮仕座入之時、請文之状在之由被仰

出候、然共、近代之宮仕共不仕来候間、左様之儀、社法ニ有来様子一切衆中ニ不存候条、若於後日、往古之宮仕衆請文之証文撰於被成御出者、何時成共無異御儀仕進上可申候之事、

座入

一、かやうに懇望申上候上者、来（ママ）日我等子座入御樽被成御納候て被下候者、忝可奉存候事、

定林坊

一、先年御社家様与定林坊、当社御番代之儀ニ付、被仰結儀在之刻、定林坊之儀、我等馳走仕候とて、御社家様御腹立尤ニ御座候、於向後者、一切かやうの儀仕間敷候事、

右条々可然様ニ御社家様御披露被成候て被下候ハヽ、畏可奉存候、以上、

二四九　氏名未詳書状断簡

○前闕ク、

宮守職

□宮御□□松膳ニ付、彼宮之宮守職被召上候処ニ松膳も未進御公用致運上、御侘言申上候ニよつて彼宮守職事、不相替被仰付候段、忝

存入□ニ、於向後彼宮守職之儀他所□□旨、可然様ニ□□恐
惶□
(花押)

○後闕ク、

二五〇　文書目録包紙ウハ書

一、公文御院宣　　一、公文辻坊請文
一、神人進退御院宣　　一、公文□マンノ案
一、社官解却連判　　一、社□此内数六ツ

二五一　文書目録断簡

成安保

一通　院宣　正和二年六月廿九日

一々　綸旨　元亨元季五月廿八日
一々　御下知　長享元（マヽ）八月廿一日　清房在判
一々　同　□徳弐年十二月十一日　永□
一々　玄以
一々　同　延徳三九月廿二日　清房在判
一々　三雲祈の○送状　天正三拾月廿六日　□□在判
以上六通　蒲生殿へ山太下向也

二五二　浦上則宗書状包紙ウハ書

（包紙ウハ書）
「　浦上美作守
祇園
執行御坊　御宿所　則宗　」

二五三　伊勢貞陸書状包紙ウハ書

（包紙ウハ書）
「祇園社御師

伊勢守貞陸　」

二五四　氏名未詳書状案

御屋形様御祈禱長日○雖無如在候、尚以為今月御武軍（運）御長久国議安詮（全）致請（精）誠御巻数致進上候、同貴所仁参入候社領之儀、連々無御等閑被入御意候者、公私千秋万歳可為満足候、奉憑候、弥於御祈念不可有疎略候、得御意御披露可為祝着候、

二五五　八大王子神輿組注文断簡

（端裏書）
「八大王子くミ師　三十七貫八百八十文」

八大王子の御こしのくミの注文の事

一、御ひらを（平尾）の御くミ　長七尺たけまて
代七貫文
一、御ちやう（帳）のあけまき（総角）のくミ　長三尺五寸かす
。後闕ク、

二五六　祇園社神輿御雨皮料足請取状案断簡（切紙）

御輿雨皮

祇園社御輿御雨皮三社御分請取申候、料足者参貫文、両度ニ渡申候也、仍状如件、

二五七　祇園社神輿装束注文断簡

神輿ノ装束

祇園社神輿御装束被上申之事
大宮
御鏡　六枚

小縄
武国古新田
則金名

二五八　年貢算用状断簡

○祇園社記十三ニ収メル「文安三年社中方記」（袋綴）ノ紙背ニ書ス、

定米三石三斗六升五合内
　除明徳二　行下八斗五合
定米弐石五斗六升　五斗六升
小縄　公田三　分米三斗皆河成
武国古新田　分米九斗五升内
　行下壱斗
定米八斗五升
則金名　分田九段　分米八石四斗
　河成三斗五升五合
　行下壱石九斗二升
定米六石壱斗二升五合

重延名
則金
朱吉
貞友
安道

重延名　公田壱段　分米漆斗内作人浄覚
河成七升
」（第一紙）
定米六斗三升
同重延　公田壱段七　分米壱石三斗内
不作壱斗四升
定米壱石壱斗六升内
明徳二　行下三斗二升
定米八斗四升
御□田分
則金　壱石二斗三升七合五夕
朱吉　八斗五升七夕
貞友　八斗五升七夕
安道　八斗五升七夕内　河成三斗六升
定米四斗九升七夕

国清
末吉名
安方名

国清　八斗五升七夕
」（第二紙）
末吉名　公田七段八　分米拾石漆斗内
　河成　七斗
　行下壱石五斗七升五合
定米捌石四斗二升五合内
　貞治二荒　壱石弐斗六升
定米漆石壱斗六升五合
安方名　分田壱町二段　分米六石内
　河成漆斗五升
　行下六斗七升五合
定米四石五斗七升五合内
　貞治二荒　三石五斗二升四合五夕
定米壱石五升五夕
」（第三紙）

安道名

明心名

定銭拾六貫百五十文内
明徳元　河成　漆百五十文

安道名
定銭拾五貫四百文
公田六段　分銭九貫四百十二文内
新河成　九百五十文
不作　壱貫百五十文

定銭七貫三百十二文内
嘉慶元　弐貫三十二文行下

明心名
定銭五貫弐百八十文
公田五段八　分銭拾貫八百六十四文内
加畠料田定
河成　五百五文
行下　壱貫文

壱斗
光心跡
平五入道

」(第四紙)

七升　　金守　　中大夫
壱斗　　遠江大夫跡　権守入道
八升今ハ皆荒　灰焼分　大夫三郎
壱斗八升　ハタシ垣内　進士
壱斗七升　同所　紺左近入道
漆斗内荒三斗五升　定三斗五升内　工　藤九郎
已上弐石六升内
除　四斗三升　荒分
定　壱石六斗三升
右、任文和二年之古帳書改之、仍自貞治二于至明徳元、荒・河成・行下等大概注進如件、
」（第五紙）
貞光　壱石二斗三升七合五夕内明徳元河成一斗
定米壱石一斗三升七合五夕
則宗　八斗五升七夕

貞光
則宗

延里
清真
明心

延里　八斗五升七夕
清真　九斗壱升
明心　弐斗五升九合
都合御米九十四石一斗五升八合二夕内
除参十五石三斗五升四合五夕
新古河成・荒・不作・行下等也
残定米　伍拾八石八斗三合七夕
柴木・大豆分
三斗六升　諸司跡　諸司入道
壱斗　四郎大夫跡　平内次郎
弐斗　三四郎跡　六郎三郎
定銭伍貫五十文内
不作五百文
除貞治二年　九百文荒

」（第六紙）

清王名

重沢名

番仕

定銭肆貫百文

清王名　分田壱段五　分銭五貫文内

不作六百文

行下壱貫二百五十文

定銭参貫弐百五十文

重沢名　公田九段五　分銭弐拾八貫八百十文内

新河成弐貫肆百文

行下壱貫五百文

定銭弐拾四貫九百十文内

除明徳元河成壱貫五十文、加溝代定

」（第七紙）

二五九　氏名未詳書状案

雖不寄思申状候、就当社今月之番仕之事、自閑衆以御折帋如此承候、於此榊は仁位快寿、者、先年於当所依有重科子細、度々為公方　雖歎申、堅被属御罪科處、

快寿閉衆ヲ掠メ還補、参銭等事ヲ承ル

掠閉衆申還補、参銭等事承候間、迷惑此事候、自已前為　公方御成敗之事候間、難及社家下知候、当月番仕者信濃小別当与申者に相当候、殊更五日御神事用供自今日至意事候間、属無為無事候様、此趣預御取合候者所仰候、委細者此使者可申入候、

。後闕ク、

二六〇　氏名未詳仮名消息（竪折紙）

昨日御申状につゐて、大御門方よりけふ《（今日）》申しやう《（状）》上られ候ハヽ、伊勢殿へたつね《（尋）》候ハんよし、やすとみ《（安富）》方申され候、尚々伊勢殿こたへちかい候ハぬやうニ、よく〳〵おほせ《（仰）》とゝけ《（届）》られ候へく候、又たゝ御つほね《（局）》よりかやうニ文を給候、大はつしとの《（殿）》へ申され候事にて候、御心へ《（得）》に人をまいらせ候、又昨日御つほね《（局）》ミのゝ上さま御たん《（談》かう《合）》申候て、よく〳〵ひせん方へおりかミ《（折紙）》御さた《（沙汰）》候、いま《（今）》の時分にて候程ニ、さやうニ候ハてハ、心に入られましく候、大かたに御心へ共候程ニ、いかゝにて候、いかさままいり候て、よろつ申まいらせ候へく候、

安富
波々伯部

昨日ハ御申しやう（状）御あけ候、ふんしやう（文章）たり候ハぬ事とも候つる程に、ならひせんとの（殿）とたんかう（談合）申て、したゝめ（認）なをし（直）候てまいらせ候、かやふの人とも給候て、御たんかう（談合）候ハヽ、まいり候ても申候ハんすれとも、たひ〳〵（度々）こなたより申まいるハともかくも、おほせ（仰）事なん候程にまいり候てハ申候ハす候ざりなから昨日はひせん方とやすとミ（安富）所へまかりいて候て申候、大御門方よりハはゝかへ（波々伯部）方と内とう（藤）大くら（蔵）方といてられ候、くハしく（詳）とり井の坊御申候へく候、けふ（今日）ひる（昼）程に昨日のことく両人御あかり（上）候へと申され候、とく〳〵ひせん方へ御あけ候へく候、

「（ウハ書）
（封）　ひかし山との　　申□
」

二六一　感神院番仕次第

正月　元三御朝拝御神供料所 座主得分、御代官アリ、
二月　御八講布施料所、同御畳 別当得分、御代官アリ、

三月　長吏御得分　社代辻坊十六貫文、申次二貫文也、
四月　目代得分　代官アリ　夏一後戸、酒有、
四月中ニ社家様へ十六貫文公用出、申次二貫文
五月　小別当得分　小頭神供　夏中沙汰人
六月　修理料所　執行得分七拾貫、申次代官アリ、三貫文、
七月　同前十貫文、申次五百文、
八月　公文所得分　御公用拾四貫五百文、申次五百文、
九月　大頭神供　社僧巡得分、
十月　小頭神供　執行得分、　社代七貫文、　申次無之、
十一月　修理料十三貫、　申次五百文、
十二月　大頭仏名料所　社僧巡役也
潤（閏）月　目代得分

已上

片羽屋御子男

起請文

二六二　氏名未詳書状案（折紙）

祇園社僧〇《中》より片羽屋御子男就礼儀相論之事、既及供花自酉《未》時闕如候間、此分注進申入候、可然様急度預御糺明者、可畏入候、

二六三　氏名未詳仮名消息

おほせ（仰）のことく（如）、ひさしく（久）申うけ給ハらす候ところに、御文悦入候、さてハやまいミやうの内ニてんはく（田畠）かくれて（隠）候よし、中殿御ふきやう（奉行）の御かたより御ちうもん（注文）をうちをふせ（仰）られ候て、御たつね（尋）候しあひた、御そうもんにせう〳〵そんち（存知）つかまつり（仕）て候事とも候かし、仰に御うけふミ（請文）を申候しに候、それにつき候てハ御ミやうてんの内にハやまいミやうの候しん事（ママ）そんち（存知）つかまつらす（仕）候あひた、もくたいとの（目代殿）の御きんしゆ御はう御たつね（尋）の時も、御分の御事ハそんち（存知）し候ハす候よし申て候、きしやうもん（起請文）にて御うけふミ（請文）を申候て、仰にかんきよく（奸曲）の事ハ申候ハす候、うけ給候、□かのふんも□

執行
上座
一公文

○後闕ク、

二六四　感神院紛失状断簡

○前闕ク、

件敷地券契紛失之段［　　］然也、［　　］各相伝無相違之間、所加証判［　　］

執行法印（花押）
上座法眼（花押）
一公文法眼（花押）

○後闕ク、

二六五　氏名未詳屋地新立券文

○前闕ク、

□七□南北［　　］南短西頬（頬カ）於東西一丈三尺五寸、南北七

丈三尺［　　］伊豫房候了、残南短東頼（類カ）於東西一丈三尺五寸□北七丈三尺七
寸者、譲給大乗預候了、而彼地券於自上［　　］勾当房手大乗預譲得存候之処、建
武三年五月廿□［　　］時被取打入候之間、所申給　社家御判也、此上者［　　］彼
［　　］申仁候者、謀書人可有御沙汰□所立新券如件、
［　　］長賢

○後闕ク、

花押・印章一覧

本冊収録の文書に記されている花押と捺されている印判を、選定の上番号順に掲載した。

四　藤原長房

六　感晴

九　惟□

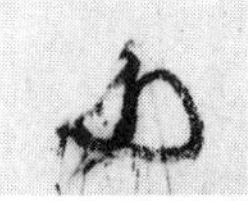
一〇　未詳

一三　別当権律師

一三　執行法印大和尚位

一三　上座法眼和尚位

一三　権大別当阿闍梨大法師

一三　権都維那大法師

一四　俊聖

一五　執行法印大和尚位

一五　権上座法橋上人位

一五　寺主阿闍梨大法師

一五　権大別当阿闍梨大法師

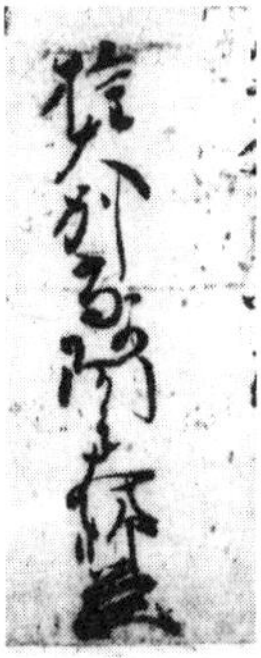

一六　永舜

一六　三上氏女

二一　威徳院

二三　性修

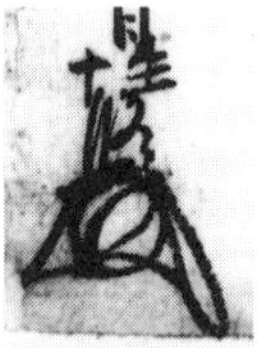

二四　智円

二七　左近将監

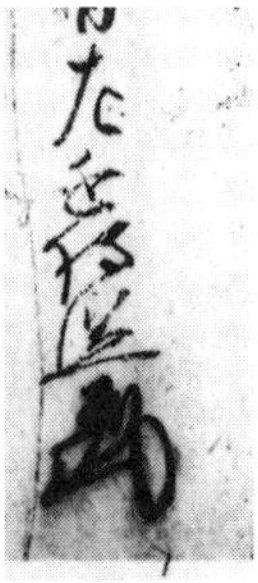

二八　幸長

二八　是友

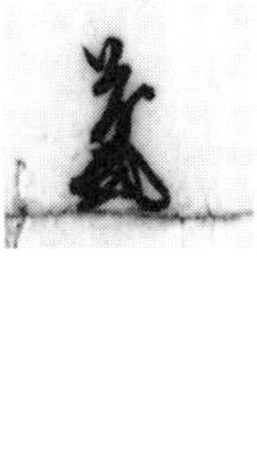

二九　三須季信

二九　飯尾常円

二九　摂津能秀

三二　兼恵

三九　松田秀経

四〇　中澤氏綱

四一　社務執行権律師

四三　大夫

四六　詮増

四七　元承

四八　政重

四九　足利義持

五〇　清秀定

五〇　執行所

五四　このかうへ

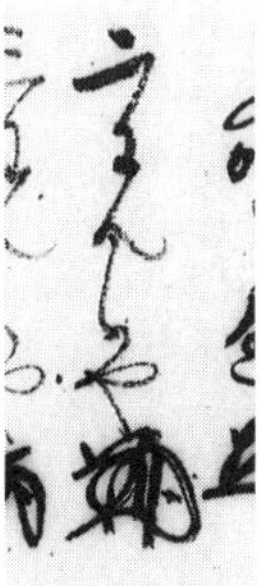
五四　二わんしや

五四　三わんしや

五五　定泉坊靖運

五六　禅住坊承操

五七　縁春

五九　起永

六〇　観祐

六一　兄部

六一　二和尚

六一　三和尚

六五　幸乗

六五　秀慶

七一　観祐

七四　春照

七五　竹坊深慶

七七　五郎二郎

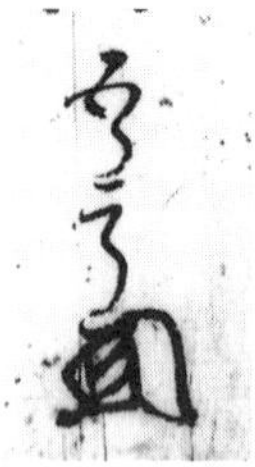

八〇　ふさのおとこ

八一　浄徳

八五　飯尾為種

八五　飯尾貞連

八五　飯尾為行

八八　ぬい物屋与三

九一　清貞秀

九一　松田秀興

九二　飯尾為数

九二　布施貞基

九四　辻坊縁賀

九五　慶春

九六　慶春

九七　慶春

九九　縁賀

一〇〇　春賢

一〇一　新斎

一〇二　二番上

一〇二　兄かうへ

一〇二　三番上

一〇四　観祐

一〇五　兄かうへ

一〇五　二番上

一〇五　三番上

一〇七　慶舜

一〇九　本座

一一〇　新座

一一三　実祐

一一五　快存

一一八　池田縁親

一一九　盛貞

一二二　未詳

一二三　伊勢貞親

一二五　顕宥

一二七　布施英基

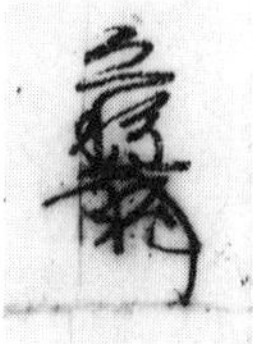
一二七　飯尾之種

一二九　東塔西谷学頭代

一二九　東塔西谷月行事

一二九　教豪

一三〇　納所法眼

一三四　諏訪貞通

一三四　松田頼亮

一四六　飯尾清房

一四七　飯尾元行

一五四　納所

一五八　飯尾貞運

一五八 諏訪長俊

一六一 斎藤時基

一六二 飯尾尭連

一六二 松田晴秀

一六三 立原幸綱

一六四 尼子経久

一六五 大須賀藤政

一七二 治宣

一七七 宝光院顕栄

一七七 竹坊深芸

一七七 松坊慶順

一七七 梅坊順秀

一七七 新坊玉盛

一七七 吉長

一七七 承仕法橋

一七七 承仕備中

一七七 幸円

一七七 教乗

一七七 新介

一七七 源介

一七七 三介

一七七　助三郎

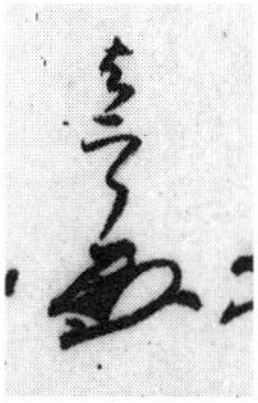
一七七　与二郎

一七七　甚七郎

一七七　新四郎

一七七　与一

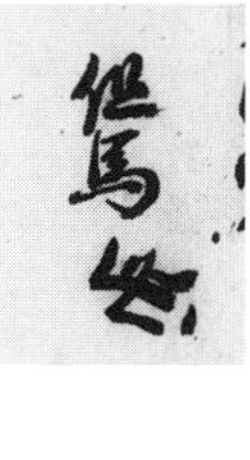
一七七　但馬

一八三　秀延

一八八　藤田重遠

一八九　松田長秀

一九〇　鴨井景有

一九二　忠種

一九三　細川澄元

一九四　宗徹

一九五　細川氏綱

一九七　波々伯部調頊

一九八　伊勢貞仍

二〇〇　谷地蔵院寿宝

二〇一　馬来信綱

二〇四　基国

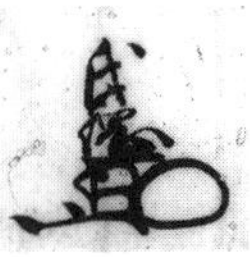
二〇五　細川氏綱

二〇六　飯尾之清

二一〇　三好義継

二一一　宝寿院玉寿

二一二　順栄

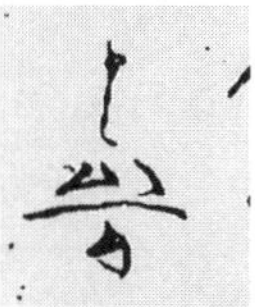
二二〇　未詳

二二三　横川宗興

二二三　大館晴光

二二四　秀清

二二六　永舜

二二八　上林坊亮覚

二二九　松田貞清

二三〇　吉田定雄

二三一　福岡円□

二三五　仏乗坊

二三六　誠重

二三七　延暦寺閉籠衆

二三八　山中政重

二三九　重定

二四二　近藤長良

二四二　今村秀次

二四四　未詳

二四六　中澤光俊

二四九　未詳

二六四　執行法印

二六四　上座法眼

二六四　一公文法眼

編纂後記

本書は既刊の『八坂神社文書』（上・下二冊、昭和十四・十五年刊）、『増補八坂神社文書』（上巻一冊・下巻二冊、平成六年刊）の続編として編まれたものである。

八坂神社に伝来する文書は、すでに大半が二度にわたって編まれた計五冊の史料集に収録されており、その点数は二千四百点余の多きにおよぶ。また、「社家日記（「祇園執行日記」）」や「祇園社記」を初めとする記録類も『八坂神社記録』（上・下二冊、昭和十七・三十六年刊）に収録されている。しかし、それとは別に数百点の文書・記録が新たに発見されたのは、『増補八坂神社文書』の編纂時のことであった。

それら新たに確認された「八坂神社文書」のなかから中世（文禄年間以前）の文書を選び出し翻刻・収録したのが本史料集である。収録点数は二百六十五点を数える。文書名・注記・頭注・料紙の形状表記などは、原則として既刊の史料集の体裁に合わせた。また、今回本書に収録した文書のなかには、江戸時代に宝寿院行快編纂の「祇園社記」等に収められながら、長らく所在が不明となっていた原本に相当するものが少なからずあるが、それらに関しては「祇園社記」等の巻次を文書名の下に明記した。

行快編纂の社記はきわめて優れたものであるが、原本の出現によってその誤りを正すことが可能となった箇所もないことはない。たとえば「祇園社記続録」三に収められている貞和三年（一三四七）八月二十九日付「静晴別当得分注進案」の錯簡などはその典型的な一例といえる。続録では料紙の継ぎ順を間違えたためであろう記載が混乱しており、今回新たに確認された原本によって初めて、その内容を正しく読み解くことができることとなった。もちろん大半は全くの新出の文書であり、それらのなかから特に注目すべき何点かについて簡単に紹介しておきたい。

八坂神社の神事に関わるものとしては、まず祇園会に関わる文書類をあげることができる。室町時代、祇園会の運営費用となっていた「馬上役」に関する文書は、既刊の史料集にも数多くのものが収録されているが、今回、新たに応永二十七年（一四二〇）から寛正三年（一四六二）にかけての諸職掌人の料足請取状が出現した。そのうち寛正三年分のものは、祇園会が年末の十二月になってようやく執行されたという、きわめて特異な年の文書群であり、応仁の乱直前の祇園会のあり方を考える上で、きわめて貴重なものといえる。また、応仁の乱後の祇園会再興に関わる文書も数点ではあるが新たに確認された。その歴史的意義の解明に資するところは少なくないと考えられる。

神社の経営状況を伝えて興味深いのは、応永三十二年十二月十四日付「足利義持御判祇園社領洛中在所目録」（四九号）、応永三十三年五月十六日付「祇園社領洛中在所目録」（五〇

号）等の幕府が祇園社に洛中社領の領有を安堵した一連の文書類で、かの時代、幕府が祇園社をどのように処していたか、また神社が京都の町といかなる関係を取り結んでいたかを知る上で、これまた新たな視角をもたらす史料といえる。

京都の町といえば、その有りようを伝える史料として特筆に値するのが、文正元年五月付「五條町前後八町地検新帳」（一二四号）、文明九年十二月十六日付「五條町前後八町地検帳」（一二九号）の二冊の地検帳である。延暦寺東塔西谷が下京の「八町」から地子銭を取るために作成したこの二冊の地検帳ほど、応仁の乱によって京都の町がどのように変貌したかを具体的に伝える史料は他になく、これまで未解明であった大乱下の町の状況がこれによって新たに解明されるものと期待される。

ちなみに延暦寺東塔西谷に関するこのような記録が八坂神社に伝来したのは、祇園社がこの時代、同寺の支配下に置かれていたことによるが、両者がいかなる関係を取り結んでいたかを物語る文書類も多く収録することができた。なかでも延暦寺の三院（東塔・西塔・横川）がそれぞれその意志を祇園社に伝達するために発給した年未詳五月十二日付「延暦寺根本中堂閉籠衆折紙案」（二〇八号）を初めとする「閉籠衆下知状」は、祇園社のみならず延暦寺がいかなる組織体系のもとに活動していたかを知る上で貴重な史料と評価できる。

なお、中世以前の文書で、今回本書に収録しなかったものが相当数存在する。それはある時期に「八坂神社文書」に混入したと推定される一群の文書である。その多くは内容から見てもともとは下鴨神社（鴨御祖神社）の社家鴨脚家に伝来したものと推定され、八坂神社伝来の文書と切り離して公開するのが適当との判断のもとに、今回はあえて収録しなかった。

八坂神社の宮司真弓常忠氏から本書刊行のご依頼を受けたのは平成十三年十月のことであった。それから十ヶ月という短い期間で刊行にこぎ着けることができたのは、ひとえに真弓宮司を初め、禰宜の森壽雄氏、権禰宜の五島健児・岡康史氏らの真摯なご協力による。ここに記して衷心からの謝意を表するものである。

平成十四年八月

編纂委員代表
下坂　守

人名索引

人名索引凡例

一、各項目の配列は原則として字音の五十音順とし、第一音が等しくかつ同一の頭文字をもつ項目は一ヶ所にまとめた。異字同音の場合は、字画の少ないものから配列した。

一、ただし名字（姓）・屋号等に関しては、字音ではなく通用の読みをもって配列した。

一、身分・所属・居所等を知る上で参考となると考えられる事項（官位・役職・地名）に関しては適宜（　）内に注記した。

人名索引

あ

アト女……………………一二九
あい屋……………………六八
安倍(府生)………………四
安丸………………………一七三
安枕斎……………………二二一
安養………………………九五
阿王女……………………九二
按察房……………………五一
赤沢新次郎………………二三一
朝倉義景(左衛門督)→[き]義景
足利義持→[き]義持
足利義満→[き]義満
足利尊氏→[そ]尊氏
足利直義→[ち]直義
足駄屋……………………一三
尼子経久(伊予守)→[き]経久
庵…………………………一二九

い

井筒屋……………………一一八
出雲……………………一八九　二一八
伊賀法橋…………………九八
伊勢………………………二八三
伊勢貞仍(下総入道)→[て]貞仍
伊勢貞親→[て]貞親
伊勢貞陸(伊勢守、備中守)
　→[て]貞陸
伊予房……………………二八
和泉……………一九四　二〇五　二〇六
威徳院……………………二四
為規(飯尾)………………九二
為行(飯尾、真妙)………八九
為種(飯尾、永祥、肥前守)
　…………………………八六　八九
為数(飯尾)………………九六
惟□………………………一六
飯尾為規→[い]為規
飯尾為行→[い]為行
飯尾為種(肥前守)→[い]為種
飯尾為数→[い]為数
飯尾家兼→[か]家兼
飯尾尭連→[き]尭連
飯尾元行→[け]元行
飯尾之種(左衛門大夫)
　→[し]之種
飯尾之清→[し]之清
飯尾常円→[し]常円
飯尾清房(加賀守)→[せ]清房
飯尾孫左衛門……………九九
飯尾貞運→[て]貞運
飯尾貞連→[て]貞連
池田………………………五七
池田伊賀守………………九一
池田縁親→[え]縁親
石王………………………三
一万丸……………………一二
今…………………………三一
今村秀次(藤左衛門尉)
　→[し]秀次
岩井家秀(四郎左衛門尉)
　→[か]家秀
院御所……………………二一七

う

うは(かくせん)………一九七　一九八
右京兆(代)→[せ]政元
　→[ま]満元
上田………………………一八六
上田助三郎………………二二
上野………………………二六三
上原式部入道……………四〇
上原秀基(孫神太)→[し]秀基
魚住彦右衛門尉……一五六　一七九
魚住能安(隠岐守)→[の]能安
馬来信綱(出羽守)→[し]信綱
浦上則宗(美作守)→[そ]則宗

え

エホシヤ…………………一三
絵所………………………一二六

衛門五郎（ゑもん五郎）…一三 二六九
衛門五郎（ヲヒヤ）…………一三
衛門三郎…………一三 一三九
衛門太郎…………一二六
永意…………六九
永舜…………三〇 二五四
永祥→［い］為種
永祐…………六九
永□…………二七三
英基（布施）…………一三五
栄晴…………一三
益幸（藤原）…………五一
越前…………七一 一五一
越前房…………五六
円慶…………六一〇
円智…………二四
円頓房…………一三〇
円□（福岡）…………二五八
遠藤…………一五一
縁賀…………一〇二
縁賀（辻坊）…………九九
縁春…………六五
縁親…………二五八
縁親（池田）…………一三

お

おんあミ…………二〇〇
小川二郎左衛門（ノキモカリ）
…………一四三
小倉…………一七三
御局…………一八二 二八三
応円…………七一〇
扇屋…………一三三
大内…………二三七
大蔵（代）…………一八九
大蔵卿…………一七九
大碣…………一六〇
大須賀藤政（与介）→［と］藤政
大田垣…………四九
大館晴光（左衛門佐）→［せ］晴光
大政所…………二三〇
大宮隆蔭（中納言）→［り］隆蔭
岡本（茶屋）…………一一九
奥…………一六四 一六五
音阿弥…………二二

か

カイ屋…………一三〇
カウライ屋…………一二九
カツラ（茶屋）…………一四四
かミ屋（大山崎）…………一二四
加賀…………一八九
加賀房幸慶→［こ］幸慶
甲斐（筑後）…………二五三 二五四
家兼（飯尾）…………一五五 一五六
家秀（岩井、四郎左衛門尉）…一五
家達（日野、入道大納言）……一五
勘解由少路…………二六六
蒲生…………二七三
介…………一三五
戒光房…………一一八
快厳…………七一〇
快寿…………二八二
快存…………一〇一 一一〇
海尊…………二四三
角堂…………六八
覚円…………六九
覚源…………二六八
覚寿…………六九
覚禅…………六九
梶井（宮）…………二〇 八六
柏原佐頼（対馬守）→［さ］佐頼
金山駿河守…………二四二
金カサキ…………一四〇
紙屋…………一一九
鴨井景有→［け］景有
唐物屋…………一三三
借金屋（雁金屋か）…………一二四
河野…………七九 二五三
寛円…………七一〇
寛秀…………六九
感晴…………一三
関白→［し］秀吉
観祐…六六 七三 七四 七五 七六 七七 八〇

八二 一〇四 一〇六 一〇八 一〇九 一一〇
一一一 一一三 一一七
丸方……一二九
願玄(前法然寺)……一八〇

き

きや□ふ……六八
きよせう……一五三
季治(竹内、三位、竹三)
……一八三 一八四
季信(三須、備中守)……四三
紀……三
紀(左衛門少尉)……三
起永……六六
基国……二三九
基仁……七 一〇
義景(朝倉、左衛門督)……二三三
義継(三好)……二四三
義持(足利)……五九
義重(斯波、沙弥、武衛)……四八
義将(斯波、勘解由小路、左衛門佐)……三六 一三六
義満(足利、鹿苑院)……七九
北ノ薄屋……一二九
吉長(甚太郎、社務執行雑掌)
……一九二
久雲斎治宣→[し]治宣
久国(弥次郎)……二六八
久秀(松永、松少)……一八三
清水(寺)執行……一九七
教豪……一四四
教乗……一九三 二〇八 二〇九 二三三
教晴……一三
教定……五
経遠(蔵人)……一三
経久(尼子、伊予守)……一七六 二三七
経躬(蔵人)……一三
経厳……七 一〇
経算……一四
行円……一三
行靖→[し]氏綱
行増(左衛門大郎)……二六九
行貞(志賀、弥太郎)……一四
堯連(飯尾)……一七四 二二五
玉寿(宝寿院)……四八 一六四 二二五
二四三 二四六 二四七 二四八
玉盛(新坊)……一九二
金守……二八〇
金仙房……九七
禁裏→[こ]後陽成天皇
銀屋……一三〇

く

クスヤ……一四〇
クスリ屋……一一九
クミ屋……一一九
九郎五郎……一八九
九郎左衛門……二〇六 二〇七 二三三
九郎三郎(ノキモカリ)……一四〇
九郎二郎……二〇五
九郎二郎(あまへ)……二〇三
九郎次郎……一三三
宮内卿……二六八
宮内太輔……二三二
空曇……一八一
櫛橋豊後守……一七二
櫛屋……一三 一三〇
薬屋……一二四
栗屋……一二四

け

ケヤ……一二三
けんさへもん……二一九
景宗……一七九
景有(鴨井)……二三〇
慶厳……九
慶春(社代、別当代、目代々)
……九九 一〇〇
慶舜……一〇六
慶順(松坊)……一九二
慶増……三
兼恵……四六
賢円……七 一〇
賢愉……三

顕栄（宝光院）……一九二
顕円……一二三
顕縁……四九 五〇 六二 七九
顕玄……一二三
顕重……一二二 一三五 一四七
顕俊……一三三
顕深……三一 四二 四五 四七 五〇
顕聖……二四 二六
顕詮……一三 一四 一五
顕増……一二 二〇
顕宥……七九 八五 八六 九〇 一二四 一三三
元家（安富、筑後守）……一四八
元行（飯尾）……一四八 一六〇 一六一
一六二 一六三 一六六 一六七
元承……三七
元長（香西、又六）……一五五 二二八
玄以……二七三
玄覚……二六
玄蕃（頭）→［ほ］細川玄蕃頭
玄輔（斎藤、上野）……四八
彦（クスヤ）……一三九
彦右衛門……一五五 二〇一
彦九郎……一九五
彦九郎（ノキモカリ）……一四二
彦五郎（ノキモカリ）……一四〇
彦左衛門……二〇二 二〇三 二〇七 二一〇
彦左衛門尉……二〇五
彦三郎……一三〇 一三九
彦四郎……二〇五 二一九
彦四郎（西ノとい）……二〇三
彦二郎……一八六
彦次郎……一四一 一四三
彦七……一九九 二一〇
彦七（坪内奥屋）……一四一
源介……一九三
源五郎……二一九
源左衛門……一九五 一九九 二〇一
源三郎……一二三
源兵衛（源兵へ）……一九九

こ

コウ屋……一二〇 一二八
コンニヤク屋……一一九 一二〇
こにしの大夫……一四七
こ大郎……六八
小泉……一三三
小犬女……三
小袖屋……一二〇
五左衛門……一九七 一九九 二二四
五左衛門尉……二〇四
五左衛門尉（たゝミや）……二二一
五郎……一三 一五一
五郎（茶屋）……一四四
五郎（ノキモカリ）……一三九
五郎衛門……一九六
五郎三郎……一二六
五郎三郎（ノキモカリ）……一四三
五郎四郎（クス屋）……一三九
五郎二郎……八〇 二一九
五郎次郎……一三 一二五
五郎次郎（坂本）……二六九
五郎大夫……二〇三
五郎大夫（粟田口）……二〇九
五郎兵衛……一三九
五郎兵衛（中嶋）……一三八
後陽成天皇（禁裏）……一九〇 二二七
二三〇
護正院……一三〇
勾当房……二八八
甲良→［こ］高秀
光俊（中澤）……二六八
光心……二七九
向山……一九八
幸（茶屋）……一一九
幸円……三二 一六六 一六七 一九三
幸慶（加賀房）……四五
幸綱（立原、次郎右衛門尉）……一七五
幸乗……七三 九一
幸千代丸……九一
幸長……四一
香西元長（又六）→［け］元長
高継（三浦介）……一五
高月庵……一二六
高国（細川、三友院）……二三三 二五一

高秀(佐々木、甲良、礼部)……三
国安……二六八
国継(左衛門大夫)……二六九
国貞(内藤、内備)……一八三
駒大夫……一六四
米屋……一一九
近藤長良(三郎左衛門尉)
→[ち]長良
紺左近入道……二八〇
紺屋……二一九
権守入道……二八〇
権大夫……一八八

さ

サイカ……一二七
サイカ(せト屋)……一四三
左衛門五郎……一八九
左衛門三郎……二六九
左衛門三郎(紙屋)……一三
左衛門四郎(さえもん四郎)
……一三七　一五三
左衛門四郎(サウメンヤ)……一三七
左衛門二郎……一四〇
左衛門次郎(鎰屋)……一三三
左衛門太郎……一二七
左衛門大尉……一八七
左衛門大郎……二六八
左衛門大郎行増→[き]行増
左衛門大夫国継→[こ]国継
左京亮……二六一
左近五郎……一三八
左近次郎……一四
左近将監……四一
左近太郎……一三六
佐々木京極……一七四
佐々木高秀(礼部)→[こ]高秀
佐々木道誉(判官入道)
→[と]道誉
佐大別当……一一
佐頼(柏原、対馬守)……三九
宰相僧都……二二四　二四〇
最忠……七　八　一〇
斎藤……二三〇　二五三　二五四
斎藤五郎……二六〇
斎藤玄輔(上野)→[け]玄輔
斎藤時基→[し]時基
雑賀……一四三
坂上……四
相模(さかミ)……一五一
猿方……二
三右衛門……二一〇
三衛門……二〇八
三介……一九三　二一三
三四郎……二八一
三位……二三六
三友院→[こ]高国
三郎(木カウシ)……一四一
三郎(ホねヤ)……一四三
三郎ひこ二郎……一五一
三郎一郎……一九
三郎五郎……一五一
三郎左衛門尉重定→[し]重定
三郎四郎(御コシカキ)……一四一
三郎二郎……一九七　二〇三　二一三
三郎次郎……一二〇　一三六　一三七
三郎次郎(大山崎)……二一八
山上大師……一三六

し

しやうくわん(比丘尼)……六八
之種(飯尾、左衛門大夫、肥前守)
……九九　一三五　二六〇
之清(飯尾)……二四〇
氏綱(中澤、行靖、備中入道)……五一
氏綱(細川、道□)……二三三　二三八
二三九　二五一　二六七
氏澄……一四
司専坊……二四三
四郎衛門……二一四
四郎五郎……一三
四郎左衛門……一四二　二一〇
四郎左衛門(コウ屋)……二一八
四郎三郎……一二〇
四郎三郎(ノキモカリ)……一四三

四郎大夫……二八一
志賀行貞（弥太郎）→［き］行貞
斯波義重→［き］義重
斯波義将→［き］義将
二衛門……二〇二
二郎衛門……一三八
二郎衛門（きおん）……二三四
二郎五郎……一五一
二郎五郎（あまるへ）……二二一
二郎左衛門……一九六　一九八　二一三
二郎三郎……一五二　一九五　一九七　二六三
二郎三郎（ノキモカリ）……一四一　一四三
二郎四郎……二〇六
二郎大郎……二二八
次兵衛（次兵へ）……二〇二
次郎……一二五　一三一
次郎（銀屋）……一三〇
次郎（茶屋、ノキモカリ）……一三九
次郎九郎……一三一
次郎五郎……一二六　一三〇　二六九
次郎五郎（大工）……一一八
次郎左衛門尉……一三一
次郎三郎……一三一　一五〇　二六三
次郎四郎……一三一
治宣（久雲斎）……一八四
治部卿……二〇一　二〇九　二一三　二二三
持法院……一三〇
時基（斎藤、上野介）……一七四
時基（名越、遠江守）……一一
竺（少志）……四
七郎……一三〇
七郎二郎……二〇一
七郎太郎（坪内妙カ子）……一三九
実円……七　一〇
実乗坊……一二〇
実晴（宝寿院法印代）……四〇
実祐……一〇九
実用（コウ屋、ノキモカリ）……一四三
信濃小別当……二八三
若……七一
朱屋……一二〇　一二一　一二三
寿健……三九
寿宝（蔵主、谷地蔵院）……一四七　二三六
秀延（御師）……一八八　一九〇　一九一
　二一七　二三〇　二三八
秀基（上原、孫神太）……一四
秀吉（豊臣、関白、太閤）……一八九
　二一八　二三〇　二三八
秀経（松田、善通、対馬入道）……五〇
秀慶……六八　七三
秀慶（大黒坊）……九二
秀興（松田）……九五
秀次（今村、藤左衛門尉）……二六五
秀清……二五三
秀忠（牧新、左衛門尉）……四二
秀定（清、和泉）……五九　六〇
秀璠（十穀）……二六四
十あミ（丸山）……二〇六
十阿弥（りやうせん）……二〇八
十郎……一二七
充房（万里小路）……二二〇
重運……三
重遠（藤田、五郎左衛門尉）……二三九
重清……一四
重定（三郎左衛門尉）……二六四
宿弥阿弥……一六〇
俊氏後室（神保掃部助）……三
俊聖……二六
俊尊……三
春叡……三
春賢……一〇二
春照……七八
春蔵主……二二五
舜能……三
順栄……二四三
順秀（梅坊）……一九二
諸司……二八一
諸司入道……二八一
助（ノキモカリ）……一四一
助右衛門……一九九
助左衛門……一九九　二〇七
助左衛門尉……二〇四
助三郎……一九三　二二二　二二三　二二四
助重……三　六二

助貞……六二 七九
小介(あまへ)……二〇二
小五郎(ノキモカリ)……一四三
小四郎……一八五
小二郎……一五一
小次郎……一三〇
小次郎(ノキモカリ)……一三九
小次郎(ミセヤ)……一二七
小太郎……一四一
小太郎(茶屋)……一三八
承操(禅住坊)……六四
松光坊……一三八
松膳……二七一
松坊慶順→[け]慶順
松房……六四
紹慶……八六 八九
勝円……六九
上番……一八九
上林坊亮覚→[り]亮覚
丞……二一四
浄覚……二七七
浄徳……八二
常円(飯尾、沙弥)……四二
常円(宝寿院)……一八二
常眼房……一三〇
常金……一二四
常住院……二六六
常泉(宝寿院)……一八一 一八三
心月(十穀)……二三九
信綱(馬来、出羽守)……二三七
信盛(又太郎)……一三 一四 一五
真行……一八五
真妙→[い]為行
深慶……五三
深慶(竹坊)……七八
深芸(竹坊)……一九二
進士……二六〇
進士美作守……一八二
新右衛門……二三五
新衛門……二〇一 二二一
新衛門(さかもと)……一九五
新介……一九三 二〇四 二〇八
新五郎……一八九
新左衛門(新さへもん)……一三八 一四二
新斎……一〇三
新三郎……一八九 一九六
新四郎……一九三 二二四
新二郎……一八八
新七郎……一八九
新坊……一九四 一九五 二〇二
新坊玉盛→[き]玉盛
新屋……一二三
新六……一九五
親円……一四
親綱(中山、大納言)……一九〇 二一七 二一八
甚介……一九九 二〇六 二〇七 二一三
甚五郎……二〇〇
甚左衛門……一九五 一九九 二〇八 二〇九 二一三
甚三郎……一八九
甚四郎……一八九
甚二郎……二〇三
甚七郎……一九三 二〇五 二一二
甚太郎吉長→[き]吉長
甚大郎……二〇〇 二〇四 二〇五
甚八郎……一八九
甚兵衛(甚兵へ)……一九七
神保掃部助俊氏後室
→[し]俊氏後室

す

スチ屋……一二四
すけの坊……一九
須藤……一三
諏訪長俊→[ち]長俊
諏訪貞通→[て]貞通
瑞勝院……一三八
数秀(松田)……一四八
杉本……一三八

せ

せんあミ……二一四
勢多尾張……二五四

是友……四一
正教房……一三
正現(玉屋)……一二
成就……一九三
性在(大工)……二六九
性実……三九
性修……三五
性通→[て]貞連
政元(細川、右京兆)…一六〇 一六一
政重……五八
政重(山中、藤左衛門尉)…二六二 二六三
清秀定(和泉)→[し]秀定
清貞秀→[て]貞秀
清房(飯尾、加賀守)…一四八 一五七 一六〇 一六一 一六二 一六三 一六四 一六六 一六七 一六九 二三八 二四五 二四六 二四七 二四八 二七三
盛国(波々伯部、新左衛門尉)……一四
盛貞……一一三
晴喜……二〇
晴光(大館、左衛門佐)…一八一 二四一 二四二 二五三
晴秀(松田)……一七五
晴春……二〇
聖道(さんおき)……一二七
靖運(定泉坊)……六四
誠重……二六二
静晴……一五 一九 二四 四九 五〇
摂津能秀→[の]能秀
仙舜……二六
泉阿弥……一九八
専用……一九四
詮増(越前少別当)……五七
暹尊……一六三
善恵軒……一八八
善住房……八二
善浄坊(南谷)……二四七
善通→[し]秀経
禅空……三五
禅住……八五 八六
禅住千代松丸……二三九
禅住坊承操→[し]承操
禅照……二五

そ

祖音……五三
宗興(横川)……二五一 二六五
宗金(平賀)……一四二
宗金(ハク屋)……一二八
宗五→[て]貞仍
宗岡(少志)……四
宗岡武蔵女……三
宗春……二〇五 二〇七
宗徹……二三三
宗友……二六九
惣阿……二三七
増栄……三
則兼(高野)……八
則宗(浦上、美作守)……二七三
孫衛門(坪)……一四〇
孫九郎……一八九
孫五郎……二〇〇 二〇七 二一二 二一三
孫左衛門(まこさえもん)…一五一 一九六 一九九 二〇二 二〇六 二〇八 二〇九 二一三
孫左衛門(たゝみや)……二〇一
孫左衛門尉(たゝみや)……二〇四
孫三郎……一九八
孫四郎……一九九
孫二郎……一四 二〇二 二〇四 二一〇
孫次郎……一二七
孫大郎……二二四
尊氏(足利、等持院)…四〇 五〇 一三六
尊勝院……二三三
尊林房……一二六

た

タチノ……一二八
タチ野(タカモカリ)……一四二
たうけん……二六九
太郎五郎……一二三 一二六
太郎五郎(木カウシ)……一四一

太郎左衛門(南ノハク屋)…一二八
太郎三郎…一二五 一三九
太郎次郎…一一九 一二六 一二七
太郎次郎(ノキモカリ)…一四〇
太郎兵衛…一三一
太閤→[し]秀吉
多(府生)…四
但馬…一九三
大御門…二八三 二八四
大黒坊秀慶→[し]秀慶
大佐…一八八
大乗…二八八
大夫…五五 一九四
大夫後家…六八
大夫三郎…二八〇
大郎…二六九
大郎衛門…一七〇 一七一
大郎五郎…一五三
大郎四郎…一一八
大郎二郎…一五三
平…四
高野則兼→[そ]則兼
竹内季治(三位)→[き]季治
立原幸綱(次郎右衛門尉)
→[こ]幸綱
谷地蔵院寿宝→[し]寿宝
玉屋…三 一二七 一四三

ち

千世…一八六
千世女…一八五
智円…三九
竹千代(竹ちよ)…二〇三 二〇四
竹坊…七一 一六三 二〇九 二一二
竹坊深慶→[し]深慶
竹坊深芸→[し]深芸
茶屋(茶や)…一四三
茶屋(東角)…一三三
中…二八六
中左衛門…二〇三
中将姫…一三九
中大夫…二八〇
中納言…二〇〇
忠爰…六 一〇
忠賀…七 一〇
忠種…二三一
忠勝…六 九
長安…一八六
長行…九二
長慶院…四七 二三五
長賢…二八八
長高(奈良、一右衛門尉)…二三三
長秀(松田、丹後守)…二三九
長俊(諏訪)…一七一
長勝…一九〇
長房(藤原、左中弁)…一一
長良(近藤、三郎左衛門尉)…二六五
朝慶…一三
澄元(細川)…二三三
調瑣(波々伯部、林蔵軒)…二三四
直義(足利、左衛門督、錦少路)
…一六 五〇

つ

ツクシ屋…一一九
津田…二六六 二六七
津田(酒屋)…一三九
津戸道元(出羽権守入道)
→[と]道元
辻坊…二七三 二八五
辻坊縁賀→[え]縁賀
椿井…二五一

て

丁へ…一二五
丁物屋…一三〇
定賀…七 一〇
定義…六 九
定泉坊靖運→[せ]靖運
定雄(吉田、安芸守)…二五七
定林坊…二三 二二三 二二四 二七一
貞運(飯尾、前近江守)…九二 一七一
一七四 二三五

貞基（布施、下野守）……九六 一三五
貞兼……一四
貞秀（清）……九五
貞仍（伊勢、下総入道、宗五、貞頼）……二三五
貞親（伊勢、伊勢守）……一一四
貞清（松田、対馬守）…二五六 二五七
貞通（諏訪）……一四九
貞頼→［て］貞仍
貞陸（伊勢、伊勢守、備中守）……一四八 二七四
貞連（飯尾、性通）……八九
天竺上野介……二三五

と

とゝ神子……六八
とり井の坊……二八四
土岐満貞（伊予守）→［ま］満貞
等持院→［そ］尊氏
遠江大夫……二八〇
藤衛門（あまへの）……二〇一
藤九郎……二八〇
藤五郎……二〇九 二一〇 二一三 二一四
藤左衛門……一九 二〇二 二〇九 二一四
藤次郎……一二
藤七……一三 一四〇
藤政（大須賀、与介）……一七六 一七九
道元（津戸、出羽権守入道）…一四
道浄……一三
道正……一三
道智……二六九
道誉（佐々木、判官入道）……三
道□→［し］氏綱
徳阿……一六〇
豊臣秀吉→［し］秀吉
鳥屋……一一四

な

ナケ方……一二五
ナルミ屋……一二三
名越時基→［し］時基
奈良修理亮……二六七
奈良長高（一右衛門尉）→［ち］長高
内藤大蔵……二八四
内藤国貞→［こ］国貞
中澤光俊→［こ］光俊
中澤氏綱（備中入道）→［し］氏綱
中原……四
中山親綱（大納言）→［し］親綱
半井驢庵→［ろ］驢庵
波河伊賀守……三九
楢葉……二六八
成田入道……二六六

に

仁木頼章（伊賀守）→［ら］頼章
西殿……一六八
新田兵部少輔……一四
入ツミ屋……一三六
入道（きおん）……一九六
女御……一五一
任芸……二三四 二四〇

ぬ

ヌシ屋（大山崎）……一二四
ヌツミ屋……一二四

ね

念仏堂（坪内）……一四一

の

ノリヤ……一二五
能安（魚住、隠岐守）……一七三
能秀（摂津、掃部頭）……四三

は

ハクヤ……一四二
ハリ屋……一四二 一四三
はたや……六八
波々伯部……一三 一八三 二八四
波々伯部次郎左衛門尉……一四
波々伯部盛国（新左衛門尉）→［せ］盛国

波々伯部調頊(林蔵軒)
→[ち]調頊
梅願……二三六
梅坊…六八 七一 一八六 二二二 二二三 二二四
梅坊順秀→[し]順秀
梅養軒……二三八 二三九
薄屋……一二
薄屋(町ノせト)……一二九
花屋(花ヤ)……一三三 一四〇
英入道後室(アクイ)……三
隼人……一四二
原……一三一 一四三
原(コウ屋)……一四二
原(ノキモカリ)……一三九
針屋……一三〇 一三一

ひ

ひかし山……二六四
ひこせ……六八
ひせん……二八三 二八四
日野家達(入道大納言)
→[か]家達
比江田(ヒエタ)……一三〇
毗沙門堂僧正……二〇
備中……六六 一五八 一九三
備後……一八二
兵衛五郎……一三六
兵衛佐……五〇
兵衛四郎……一一九
兵衛次郎(大山崎、銀屋)……一一八
兵庫……一八九 二六三
兵部卿……一九五 二〇三 二二一 二二三
二三三 二三四
平賀宗金→[そ]宗金
広峰刑部大夫……三九

ふ

ふさのおとこ……八一
布施英基→[え]英基
布施貞基→[て]貞基
富内……二三一
豊前……一二四
豊後……一八九
豊後屋……一一八
福岡円□(山)→[え]円□
福寿庵……一二
福等……二五九
袋屋……一三六
伏見院……二〇
藤井……一五一
藤井中将妹……三
藤岡……一三 一三
藤田(ノキモカリ)……一四〇
藤田重遠(五郎左衛門尉)
→[し]重遠
藤屋……一六九
藤原……三四
藤原朝臣……五八
藤原氏女……三
藤原益幸→[え]益幸
藤原長房→[ち]長房
仏乗房……二六一
筆屋……一二四
文阿弥(霊山)……一九八 二二四
聞賀……六九

へ

平五入道……二七九
平三郎……二一九
平内次郎……二八一
弁賢……五九

ほ

ほうし……一五三
ほり……二一九
宝光院……二〇三 二二二
宝光院顕栄→[け]顕栄
宝寿院(代)……二六 三九 一七五 一七六
二三三 二三七 二三八 二四一 二四二 二五一
二五二 二五五 二五七 二六二 二六三 二六八
宝寿院玉寿→[き]玉寿
宝寿院常円→[し]常円
宝寿院常泉→[し]常泉
宝寿院法印(代)……三六

宝寿院法印代実晴→[し]実晴
宝寿丸……四二
法印……二八 二九 三六
法橋……一九三
法光院(宝光院)……二〇五
法泉房……一二六
豊秀(兵部大輔)……一九〇
細川(細河)……一五五
細川玄蕃頭……一六六 一六七 二三三
　二三八 二四七 二五一
細川高国→[こ]高国
細川氏綱→[し]氏綱
細川政元→[せ]政元
細川澄元→[ち]澄元
細川満元→[ま]満元
本栄比丘尼……四五
本重……七一

ま

マト屋……一二四
万里小路充房→[し]充房
万里少路(宰相入道)……二一〇
前波……二三三
牧新秀忠(左衛門尉)→[し]秀忠
松田秀経(対馬入道)→[し]秀経
松田秀興→[し]秀興
松田数秀→[す]数秀
松田晴秀→[せ]晴秀
松田長秀(丹後守)→[ち]長秀
松田丹後守……二六七
松田対馬守……二五五
松田貞清(対馬守)→[て]貞清
松田頼亮→[ら]頼亮
松永久秀→[き]久秀
豆屋……一二四
満元(細川、右京兆)……一七四
満貞(土岐、伊予守)……三六
満藤(結城)……四一

み

ミソ屋……一一八
みこ(きおん)……一一三
三浦介高継→[こ]高継
三上氏女……三〇
三雲……二七三
三須季信(備中守)→[き]季信
三好義継→[き]義継
参河法橋……九八
美保前兵衛尉……三九
美作……一八九
南カツラ(茶屋)……一四四
南ノ薄屋……一三
源……四 一五三
宮道(右衛門少尉)……四
妙……一一八 一三七
妙(サウメン屋、大山崎)……一二四
妙意……三
妙永(ミセ屋ノ尼)……一四一
妙円……一八四 一八五
妙金……一二八
妙賢……二六九
妙泉(木カウシ)……一四一
妙法……一八七
民部卿……三六

め

めうあミ……一八八
明一……三〇 三一

や

やうめい院……二四〇
矢野(左京亮)……一九四
弥五郎……一二五 一八九
弥左衛門(弥さ衛門、クスリヤ)
　……一一九
弥三郎……一二五 一八九
弥次郎……一二九
弥次郎久国→[き]久国
弥兵衛……二二四
屋四郎……一五三
屋部……四一
安田……一七三
安富……二八三 二八四
安富元家(筑後守)→[け]元家

山新二郎……一八八
山名……四九
山中政重（藤左衛門尉）
→［せ］政重
山本……二〇〇 二〇一 二〇二 二〇三 二〇四
二〇五 二〇六 二〇七 二一〇 二六二
山本大蔵卿……一八〇
山本次郎四郎……二六四
山本新右衛門尉……一六五

ゆ

湯屋……五八
又衛門……二〇三 二〇八 二一〇
又五郎……一八九 一九六
又三郎……一八九
又二郎……一八九
又次郎……一二五 一三一 二〇〇
又助……二二九
又太郎信盛→［し］信盛
祐豊……一八八
祐房……一八八
結城満藤→［ま］満藤

よ

ヨコ屋……一四三
与一……一九三 二二四
与衛門（あまへ）……二〇二
与五郎……二一〇 二一三
与左衛門……二二四
与三……一五一
与三（ぬい物屋）……九一
与三左衛門……一九五 二二四
与三左衛門（与三さ衛門、伊藤）
……一一八
与三二郎……二二四
与三兵衛（与三兵へ）…一九六 二〇五
与三郎……一九九
与三郎（けんにん寺）……二二四
与四郎…一一八 二〇〇 二〇一 二〇九 二二九
与二郎……六八 一五五 一九三
与次郎……一三四 一九六 二〇〇 二一三
与七……二一八
与宗左衛門……一九四
与大郎……六八 二〇一 二〇四
与大郎（あまへの）……二〇一
横川宗興→［そ］宗興
吉田（酒屋）……一四三
吉田定雄（安芸守）→［て］定雄

ら

頼章（仁木、伊賀守）……一四 一五
頼命……三
頼亮（松田）……一四九 一七七
頼連……一四

り

隆蔭（大宮、中納言）……一五
隆慶……六九
隆範……六九
龍阿……二六九
了実……二六九
良円……七 一〇
良厳……六九
良算……三
良秀……三一
良盛……一四
良晴……五〇
亮覚（上林坊）……二五五

れ

蓮阿ミ……二六九

ろ

驢庵（半井）……一八三
六郎……一一八
六郎（法泉房）……一一六
六郎左衛門（畳屋）……九六
六郎三郎……二八一
鹿苑院→［き］義満

わ

若狭……一八八 一九四
若宮北房……一四〇

を

＊本書は（財）日本複写権センターへの委託出版物ではありません。本書からの複写を希望される場合は必ず当社編集部版権担当者までご連絡下さい。

『新修 八坂神社文書』（中世篇）

平成十四年九月一日 初版発行

編 者 八坂神社文書編纂委員会

発行者 片岡英三

印 刷 亜細亜印刷株式会社

製 本

発行所 606-8204 京都市左京区田中下柳町八番地

株式会社 臨川書店

電話（〇七五）七二一－七一一一

郵便振替 京都〇一〇七〇－二－八〇〇

落丁本・乱丁本はお取替えいたします

定価は函に表示してあります

ISBN4-653-03911-9